E. THIRION

SCEPTICISME

Prix : 1 franc

PARIS
LIBRAIRIE FISCHBACHER
33, RUE DE SEINE, 33

1905

SCEPTICISME

OUVRAGES DU MÊME AUTEUR

A la Librairie Fischbacher, 33, rue de Seine :

LA RÉPUBLIQUE UTILE. Étude de la Question sociale, un vol. in-18....................	2 fr.
MORALE ET RELIGION, un vol. in-18..............	3 50
L'INDIVIDU, Essai de Sociologie (Ouvrage adopté par le Ministère de l'Instruction publique pour les bibliothèques des Écoles normales primaires), un vol. in-18................	3 50
LA POLITIQUE AU VILLAGE, un vol. in-18.........	3 50
PENSIONS DE RETRAITE POUR LES VIEUX OUVRIERS, brochure in-16 de 52 pages.................	» 50
LA CRISE DE L'ENSEIGNEMENT SECONDAIRE, brochure in-16 de 94 pages....................	1 »»
NEUSTRIA, Utopie individualiste, un vol. in-18....	3 50
LA DÉPOPULATION ENRAYÉE PAR LA DÉCENTRALISATION, brochure in-16 de 106 pages.......	1 »»

E. THIRION

SCEPTICISME

Prix : 1 franc

PARIS
LIBRAIRIE FISCHBACHER
33, RUE DE SEINE, 33

1905

SCEPTICISME

AVANT-PROPOS

Il est une heure de la journée où l'esprit travaille dans le calme et avec le plus de lucidité. C'est le matin, après ce que l'on a coutume d'appeler le *petit déjeuner*.

A une certaine époque de ma vie, les problèmes ardus que tant de gens acceptent les yeux fermés, sous le nom de *mystères*, *d'axiomes*, *d'actes de foi*, me hantaient et m'obsédaient à cette heure-là, demandant leur explication, ou imposant leur négation. Et, le moment habituel du travail venu, je fixais sur le papier le résultat de mes réflexions, exclusivement peut-être pour me débarrasser de leur obsession.

Plus tard, en retrouvant ce paquet de notes parfois incohérentes, je me sentis retomber dans le même accès de scepticisme qui me les avait dictées, mais en plus avec le désir pressant d'étaler au grand jour mon incrédulité.

Pourquoi ? Je ne sais. Peut-être mû par un sentiment intime de répugnance pour certaines idées que la coutume, ou même l'autorité, impose à l'esprit humain sans daigner, ou pouvoir, les justifier, et dont, à l'exemple d'Herbert Spencer, il me semble qu'il serait sage à nous de constituer une catégorie de l'*Inconnaissable*, pour laisser à toutes nos énergies la possibilité de s'employer à l'amélioration des choses que nous pouvons connaître.

Si la morale, en particulier, pouvait se baser sur des considérations purement humaines, au lieu de s'enseigner comme un corollaire de la religion, elle acquerrait bien plus de chances de s'imposer invinciblement à tous, même à ceux qui croient à une religion autre que *la vraie*, même à ceux qui n'ont pas de religion du tout.

Et ce serait la morale la plus universelle, la plus indestructible, la plus facile à enseigner et à suivre, puisqu'elle aurait ses origines dans la nature même des hommes.

Je sais bien que la grande majorité d'entre nous accepte, sans les raisonner et les discuter, ces notions incompréhensibles qui se transmettent d'âge en âge, s'imposant à l'esprit d'une façon d'autant plus impérieuse qu'elles font partie de l'éducation familiale et primitive de l'enfant. Mais n'est-ce pas précisément un danger que cette habitude que prend l'esprit de se plier à toutes les ignorances et à toutes les crédulités? N'est-ce pas un obstacle sérieux au progrès qui ne peut exister en dehors du changement? Toute notion meilleure n'est-elle pas précédée de la négation d'une notion antérieure et moins bonne?

J'éprouve pourtant le besoin de m'excuser, auprès des croyants de bonne foi, du scandale que je vais peut-être leur causer. Car je ne voudrais pas les laisser croire que c'est de parti-pris, par un sentiment pur d'opposition et de lutte, qu'un homme sincère se laisse aller au scepticisme. En contemplant l'état de béatitude et de sécurité de ceux de ses semblables qui sont persuadés qu'après avoir scrupuleusement obéi aux prescriptions de leurs directeurs une éternité bienheureuse les attend, il est plutôt incliné à les imiter et à les suivre. Mais quand, pour croire, on a besoin d'être convaincu, il faut bien réfléchir, discuter, comparer les enseignements qu'on a reçus; et si, dans ce travail de contrôle, des objections indiscutables se présentent, le sceptique devrait paraître plus à plaindre qu'à blâmer aux yeux de ceux qui, plus heureux, plus sages, ou peut-être tout simplement plus crédules, ont accepté les yeux fermés les dogmes, les miracles qu'enseignent les traditions ou les affirmations de leurs maîtres.

Il y a des tempéraments divers parmi nous, et quelques-uns instinctivement se révoltent en présence du despotisme, de quelque nature qu'il soit.

Du reste, ce petit livre n'a pas la prétention de contenir la conception d'une philosophie nouvelle, d'un système plus rationnel ou plus accessible à tous ; il a tout simplement le but modeste de faire toucher du doigt les doutes qui s'élèvent dans un esprit indépendant en présence d'affirmations trop catégoriques que, dans un but plus ou moins intéressé, certains d'entre les hommes imposent aux autres, et qu'il semble que les autres admettent inconsidérément.

Entre les conseils pleins de sagesse des maîtres de la *science expérimentale* qui nous apprennent que des épreuves contradictoires doivent seules fixer nos convictions, et les injonctions des prêtres qui nous imposent des dogmes que rien ne peut démontrer, l'esprit s'agite ahuri, incertain, souvent effrayé. N'est-il pas heureux alors de pouvoir se réfugier dans un scepticisme souriant qui le calme et le rassure? De grands esprits nous engagent dans la voie de cette philosophie aimable.

Montaigne a dit que sais-je ? et Rabelais peut-être !

———

I. — L'INFINI

Un esprit, trop borné peut-être, ne saurait s'assimiler l'idée de l'*Infini*. Du reste, on l'appelle également l'*Indéfini*, c'est-à-dire littéralement ce qui ne peut se définir.

Et, comme les mots *infini, absolu, immortel*, expriment des idées analogues, on voit immédiatement quelle série va se présenter de problèmes qui paraissent insolubles.

Pour nous en tenir momentanément à l'absolu, on est bien obligé de convenir que la notion en échappe complètement. L'absolu n'a pas de bornes. Il ne souffre ni conditions ni atténuations. Il faut alors pour qu'on l'admette qu'il s'impose à l'esprit avec toute évidence, sans contradiction possible, comme un de ces axiomes qui n'ont pas besoin d'être démontrés. Que tout ce qui est né doive mourir, voilà une vérité absolue, puisque la démonstration s'en fait à chaque instant sous nos yeux. Aussi disons-nous que c'est une règle absolue.

Autrement, que peut-il y avoir d'absolu dans le monde qui nous entoure et où tout nous apparaît comme contingent, évoluant selon les milieux, selon les tempéraments, les caractères ou les besoins des hommes, souvent même selon leur intérêt? Rien, évidemment, ne saurait être absolu dans la nature où tout sous nos yeux se transforme incessamment, s'améliore ou se détériore, naît, vieillit et meurt successivement.

L'absolu implique l'immuabilité; or, la mobilité, la transformation et, par suite, l'incertitude sont bien visiblement les conditions normales de l'existence ; l'immobilité est l'apanage de la mort et le contraire de la vie.

En effet, l'arrêt de tout mouvement, ce qui constitue l'immobilité, ne nous apparaît que dans la mort, ainsi que dans les corps inertes que nous ne croyons pas encore vivants. La chaleur, que crée le mouvement, et qui est indispensable à la vie, disparaît dans l'immobilité, ce qui donne à penser que seul le mouvement entretient la chaleur. Il est vrai que le Bien au moins, en sa qualité de chose immatérielle, peut échapper à cette loi générale, quoique les idées, immatérielles aussi, évoluent visiblement comme la matière, se perfectionnent et s'améliorent pendant et grâce à cette évolution.

.˙.

Dans l'ordre intellectuel, une qualité adéquate à l'absolu, c'est l'infaillibilité. Aussi l'Eglise, qui prétend posséder infuses toute connaissance, toute science, toute vérité, se proclame infaillible. Il faut pourtant avouer que cette infaillibilité a subi quelques éclipses, notamment quand l'Église condamnait Galilée, quand elle a provoqué l'assassinat d'Henri IV qui voulait rendre tous ses sujets heureux, quand elle a encensé, soutenu, vanté Napoléon Ier qui les voulait tous aveuglément obéissants à ses moindres caprices, ou Napoléon III qui les avait fait massacrer pour monter sur le trône.

Cette même Église, au Moyen-Age, croyait ou feignait de croire à l'existence de Satan dont, par prudence, elle ne parle plus guère aujourd'hui. Elle invente chaque jour des saints, des dogmes, auxquels elle ne pensait pas la veille. Et ces dogmes ! c'est eux surtout qui sont bien visiblement une émanation de l'absolu imposé sans réflexion ou contestation permises, de cet absolu auquel répugne l'esprit humain, au fur et à mesure que son perfectionnement incessant éveille et aiguise sa clairvoyance.

Au XXe siècle encore, il nous faut admettre, sous peine de réprobation éternelle, que l'homme peut commettre impunément tous les crimes à la condition de s'en repentir à propos. Et non seulement de s'en repentir, mais encore de les avouer à un prêtre, seul dépositaire patenté de l'indulgence divine, et armé du pouvoir de les effacer à sa volonté.

Il y a là une incohérence, panachée de pas mal d'injustice, qui ne peut se concevoir que si l'on admet le dogme, l'infaillibité et, par conséquent, l'absolu.

.·.

Cependant, non seulement des religions, mais de graves systèmes philosophiques, sont basés sur l'idée d'absolu. Ainsi, selon quelques-uns, il y a un Bien absolu, dont nous devons tendre à nous rapprocher de plus en plus chaque jour, mais pourtant sans pouvoir espérer l'atteindre jamais. Or, le bien absolu est en contradiction avec les enseignements de l'expérience; ce qui est le mal dans un certain degré de civilisation semble être le bien à un autre degré. Et même, en raison de l'éducation que l'homme de nos jours et de notre pays a reçue, en raison du milieu dans lequel il a vécu, de l'empire qu'il a laissé prendre sur lui à ses passions, et surtout en raison de sa situation particulière, de sa richesse ou de sa pauvreté, il pratique différemment la morale à laquelle pourtant on voudrait donner pour base un bien absolu, qui n'est en réalité que très relatif.

Il est bien permis de croire que l'infirmité de notre raisonnement ne peut pas nous permettre d'avoir une conception précise de ce bien absolu. Heureusement il y a quelques privilégiés qui en ont reçu particulièrement la notion, et qui sont chargés de nous la communiquer, au moins en partie, et de nous guider vers ce but important. Et encore ne pouvons-nous leur accorder une confiance entière, puisqu'il en est parmi eux qui ont admis des axiomes qui y apportent certaines atténuations, permettant des défaillances quand l'intention intime du délinquant paraît bonne, et même, dans le cas où elle serait mauvaise, pourvu que ce soit *pour la plus grande gloire de Dieu*. C'est au point que l'Eglise a dû plusieurs fois les désavouer ; dans le passé il est vrai, car aujourd'hui c'est, dit-on, plutôt à eux qu'elle obéit.

.*.

Il est peut-être une acception du mot absolu plus compréhensible pour nous. Nous nous rendons compte de ce que signifie un pouvoir absolu, quand il s'agit d'un tyran, d'un dictateur, d'un autocrate. Et encore n'est-il pas bien sûr que nous ne nous l'exagérions pas un peu ; ce pouvoir, censé absolu, pourrait trouver des limites dans le poignard ou la bombe ; la volonté même du tyran peut n'être pas absolue, quand un de ses subordonnés, fut-ce au péril de sa vie, manque à l'exécuter.

Ces cas, à la vérité, ne se présentent pas s'il s'agit de Dieu ; ceux qui le disent tout puissant peuvent bien lui supposer un pouvoir absolu. Seulement, l'existence de Dieu est contestable elle-même aux yeux du sceptique.

C'est ce que nous ne tarderons pas à examiner.

II. — LE TEMPS ET L'ESPACE

Ce qui est indéfini est, par analogie illimité. Or, il n'est pas plus facile de se faire une idée précise de l'illimité que de l'infini, que de l'absolu. C'est pour ce motif que le temps et l'espace échappent à la compréhension.

Nous ne pouvons en effet les concevoir que limités, et, limités, on peut dire qu'ils n'existent plus ; le temps n'est plus qu'une heure, un moment dans la durée ; l'espace n'est plus qu'un point dans l'immensité. Et cependant, nous l'avons dit et cela s'impose, puisque la notion de l'Infini nous échappe les concevoir illimités ce n'est plus les concevoir du tout.

Essayez de vous représenter quelque chose d'illimité, et vous ne pourrez y parvenir. En mathématiques, on divise une quantité, ou on la multiplie, jusqu'à ce qu'on arrive à une approximation suffisante pour les exigences de la pratique; mais on sent qu'on ne peut pas aller au delà, parce qu'on ne sait même pas où on arriverait. En géométrie, on peut supposer une ligne qui s'allonge sans cesse par ses deux extrémités, mais on ne saurait se la figurer en entier, puisque ses deux extrémités ne s'arrêtent pas en un point déterminé.

Ce sont là de ces choses qui peuvent se supposer, s'affirmer même un peu effrontément, mais qui ne peuvent se démontrer. Ce sont des axiomes ou plutôt des mystères; articles de foi, mais non affaire de raisonnement. Cela peut être acceptable dans une religion, mais non dans une science.

.

Alors que devient l'idée de création? que peut être le Créateur, sinon une puissance illimitée également? Mais non supérieure pourtant, ni antérieure ni postérieure. Car alors il faudrait se demander où résidait le Créateur et ce qu'il pouvait bien faire quand il n'y avait ni temps ni espace.

Je comprends qu'il y a eu un temps où régnait Clovis, un autre où discourait Démosthène, d'autres encore où légiférait Solon, où conquérait Sardanapale. Je ne m'étonne pas que l'on découvre chaque jour dans la terre fouillée les traces d'un homme préhistorique. Mais il faut bien qu'il y ait eu une histoire avant lui, comme il y en a eu une après. Et, si sa race n'est pas éternelle, il faut bien que le premier homme soit né de quelqu'un ou de quelque chose.

De Dieu ? Soit. Mais Dieu a-t-il été créé lui-même, ou s'est-il créé seul, ou est-il éternel, comme on nous le dit, c'est-à-dire illimité ? C'est toujours retomber dans le même problème.

J'admets que la Terre, le Soleil, les Planètes obéissent à un mouvement qui les constitue en équilibre ; c'est une hypothèse, sinon vérifiée, au moins plausible. Mais, au delà des astres que nous apercevons à l'aide de nos téléscopes les plus perfectionnés, qu'y a-t-il ? L'Ether, nous dit-on, invisible et impondérable. Sa masse pourtant doit être supposée assez considérable pour soutenir dans l'espace les poids énormes des sphères. Et lui-même, s'il n'est pas soutenu par quelque chose... Nous voilà encore dans l'illimité, c'est-à-dire dans l'incompréhensible.

Car on ne peut pas comprendre ce temps avant et après lequel il n'y a *rien*. On ne peut pas admettre cet espace autour duquel il n'y a *rien*. Ou, pour mieux dire, on ne peut pas comprendre ce *rien*. L'esprit élargissant le problème, mais ne l'éclaircissant pas, croit voir un temps indéterminé avant le temps, un espace indéfini autour de l'espace, et se demande, sans pouvoir se répondre, ce que serait un *rien* d'où l'espace et le temps seraient sortis.

III. — LA MATIÈRE

Au temps et à l'espace il semble qu'il faille joindre la matière, et la supposer éternelle aussi. Il est vrai que la science soutient que la matière est composée *d'atomes*, indivisibles comme leur nom l'indique ; et alors chaque corps différent résulterait d'une combinaison, différente aussi, de ces atomes. Ils pourraient donc avoir été créés ; il suffirait de supposer qu'une Force quelconque aurait déterminé ces divers assemblages d'atomes. Mais alors la matière ne serait pas plus éternelle qu'immortelle ; La Force qui l'a créée a nécessairement le pouvoir de la détruire.

Tout cela semble vrai, à condition que l'atome existe réellement. Seulement, en vertu du raisonnement mathématique et géométrique exposé ci-dessus, il sera peut-être permis de douter de l'existence de l'atome. Prenant en effet une quantité de matière déterminée, puisqu'on a pu la diviser par deux, par cent, par mille etc., pourquoi se borner au point où la puissance de nos instruments s'arrête ? La puissance du raisonnement, elle, est illimitée. Et, en fait, on admet couramment une progression indéfinie en plus et en moins d'une quantité quelconque ; on l'appelle indéfinie parce qu'on ne peut en effet en définir le terme extrême ; mais si on ne peut le définir, rien n'empêche de le supposer.

Or, en supposant la matière indéfiniment divisible et multipliable, il semble bien qu'on s'interdise de la supposer destructible. Après son ultime division, il en resterait encore une parcelle, si minime qu'elle fût. Si elle ne peut être détruite, elle ne peut pas avoir été créée ; et la voilà éternelle, comme nous apparaissent le temps et l'espace.

D'ailleurs, pourquoi ne pas supposer que la matière remplisse tout l'espace, aussi diluée qu'il le faudrait, comme la science déjà le fait pressentir ? Cela aurait l'avantage de supprimer cette idée de *Vide* à laquelle il est assez difficile de s'habituer, en ce qu'elle n'est pas compréhensible.

Le vide ne peut être que le Néant, ce néant d'où Dieu aurait fait sortir tout ce qui existe, et que nous commençons au contraire à entrevoir rempli de matière à l'état de dissolution infinitésimale. Que sait-on si la matière et l'espace ne font pas qu'un ? N'est-il pas plus aisé de supposer une matière à l'état gazeux occupant tout l'espace indéfini, que cet espace indéfini complètement dépourvu de matière ?

Et, ainsi, notre esprit ne peut concevoir nettement ni le temps, ni l'espace, ni la matière.

Mais peut-on sincèrement affirmer l'existence de ce que l'on ne peut concevoir ? Peut-on, par suite, affirmer l'autorité et l'influence de Dieu sur cette vie humaine qui dure une minute à peine dans le temps incommensurable, sur la parcelle infinitésimale que nous sommes d'une matière éternelle ? Car enfin, cette parcelle de matière est nécessairement éternelle aussi, à travers toutes ses transformations.

IV. — L'ÉVOLUTION

Etant donnés le temps, l'espace et la matière éternels, il faut renoncer à l'idée de création. On ne peut s'imaginer qu'il y ait eu, qu'il y aura quelque chose avant et après ce qui est éternel.

Ce qui amène à concevoir l'idée d'une évolution générale de tout ce qui existe. Mais elle ne peut se concevoir qu'incessante, continue, n'ayant ni commencement ni fin. Et l'univers, et même le maître suprême de tout, s'il y en a un, seraient en évolution constante aussi ; ce qui revient à dire qu'ils ne feraient qu'un. C'est quelque chose comme la doctrine panthéiste. Mais, en somme, ce n'est toujours qu'une conception de l'esprit humain, un dogme comme tous les autres, indémontrable.

Cependant il faut distinguer ; si l'on ne peut concevoir le temps et l'espace autrement qu'illimités — ce qui équivaut, nous l'avons vu, à ne pas les concevoir nettement — on peut concevoir un peu mieux l'évolution incessante de la matière. On peut aussi se demander s'il existe un régulateur de cette évolution, par exemple une Puissance qui en aurait ordonné le mode une fois pour toutes ; seulement on se demanderait forcément en même temps s'il ne serait pas anormal que, n'ayant pas créé la matière, elle eût le privilège de la gouverner. Mais cela ne doit nous importer que peu, en raison de l'impossibilité où nous nous voyons de nous en rendre compte. L'Eglise infaillible elle-même nous apprend que *les desseins de Dieu sont impénétrables*. Donc *inconnaissables*, et c'est Herbert Spencer qui a raison.

.'.

Ainsi le temps et l'espace ne peuvent se concevoir que comme illimités, et la matière que comme éternelle. Immuables par exemple, cela paraît impossible, puisque nous croyons que le mouvement est nécessaire à tout ce qui existe, est même l'apanage de tout ce qui existe. Renouvellement, d'ordinaire, implique création et destruction ; mais, dans ce qui est éternel, et par conséquent non sujet à la destruction, le mouvement, le renouvellement, ne peuvent se concevoir que sous forme d'Evolution.

Chaque jour, il y a dans l'Univers des Soleils qui s'éteignent et d'autres qui s'allument. Chaque jour sur la Terre, les montagnes s'affaissent, les fleuves se comblent, les océans se déplacent ; tout ce qui nous est perceptible dans le monde change de forme ou d'aspect, se modifie, en un mot évolue.

L'homme à la vérité, au milieu de cette évolution universelle, se hâte de saisir le moment fugitif de son existence, et de fixer sa personnalité. Mais, en tant que parcelle de la matière universelle, il est bien probable qu'il participe à l'Evolution générale, et que, si son corps est concret à l'heure de l'union des molécules qui le composent, il devient diffus à l'heure de sa dissolution.

Et encore ne devons-nous prendre cela que comme une hypothèse. Car notre dessein, nous l'avons dit, n'est pas d'affirmer une croyance quelconque, mais seulement d'émettre les doutes que nous ressentons à l'égard des croyances qui nous sont, dès l'enfance, par routine ou par calcul, le plus généralement imposées.

Cependant, puisque nous nous sommes hasardés à énoncer une hypothèse moins invraisemblable, à nos yeux du moins, que les autres, continuons pour un instant à l'examiner.

.·.

L'évolution étant admise, il y aurait quelque intérêt à savoir dans quel sens elle se fait. Du mal vers le bien ? Nous n'en pouvons rien savoir. Il faudrait d'ailleurs commencer par préciser ce qui est bien ou mal, par connaître le bien et le mal absolus ; et précisément nous avons établi déjà que l'absolu nous échappe. De l'homogène à l'hétérogène, comme le dit quelque part Herbert Spencer ? Peut-être. A coup sûr pas de la création à la destruction, si rien n'a été créé. Pas vers la fin du monde, si le monde est éternel, et puisque le temps, l'espace et la matière sont éternels.

A notre vue étroite et restreinte, et à n'envisager que la matière, il semble qu'elle évolue vers l'uniformité. Bien des mystères commencent à s'éclaircir. Les aspérités du globe que nous habitons s'effacent peu à peu. A mesure que nos yeux découvrent un coin de l'espace illimité, les mondes nous paraissent obéir à des lois immuables dont le nombre diminue chaque jour, et dont les contradictions disparaissent. L'observation, de plus en plus aiguë, croit déjà entrevoir que la matière serait *une*, changeant seulement d'aspect et de propriétés, selon les groupements divers des molécules dont elle est composée.

A un autre point de vue, et en ce qui concerne particulièrement l'homme, ne pourrait-on pas dire que ce qu'il appelle le *bon*, le *vrai*, le *juste*, conçu d'abord seulement par quelques esprits d'élite, est de plus en plus universellement admis et compris de tous, au fur et à mesure que l'instruction se répand et que les caractères s'élèvent ?

Et non seulement les aberrations primitives font place à la règle et à la morale entre les citoyens de chaque nation, mais les nations elles-mêmes commencent à aspirer à une harmonie mondiale dont doivent sortir la paix et la sécurité universelles.

.·.

S'il est vrai — comme il est de toute apparence — que l'existence de l'homme ne soit qu'un point autant dire imperceptible dans le temps et dans l'espace incommensurables, la conscience qu'il a de son être lui inspire du moins un intérêt réel à chercher à pénétrer ces mystères. Si la conception de ce qui est éternel lui échappe, s'il ne peut se rendre compte de son origine et de la destinée de l'âme qu'il s'imagine avoir, il doit ressentir au moins un désir profond de connaître le but de cette évolution dans laquelle il se sent emporté.

N'a-t-il pas même une notion partielle de cette évolution, et n'en peut-il pas déterminer le but en tant qu'il ne se rapporte qu'à lui-même, à ce qui l'entoure et au moment — en réalité bien court, mais long encore par rapport à sa race — au moment qui lui est dévolu dans l'éternité ? L'amélioration possible et continue des conditions d'existence, non seulement de la race entière, mais surtout de la génération à laquelle il appartient, ne lui apparaît-elle pas comme un résultat souhaitable et auquel ses efforts peuvent contribuer ?

Ajoutons que c'est probablement le seul détail accessible à son intelligence, dans cet ensemble qu'il ignore. Dans ces conditions, non seulement nous aboutissons au panthéisme, mais encore nous entrevoyons poindre l'aurore de cette religion nouvelle dont Auguste Comte fut l'apôtre, *la Religion de l'humanité.*

V. — LE NÉANT

Si l'on n'accepte pas ces conclusions, ou si l'on oppose la foi à notre scepticisme, il faut admettre le *Néant,* duquel la toute puissance de Dieu a tiré tout ce qui existe, et où tout ce qui existe doit fatalement retomber à l'époque de la fin du monde.

Or, c'est encore là une conception qui reste obscure quand on essaye de l'approfondir. A mesure que la science se complète par l'observation et grâce au perfectionnement des instruments dont elle dispose, elle croit de plus en plus pouvoir affirmer que le vide n'existe pas. Déjà nos aïeux prétendaient que la nature a *horreur du vide*, pour essayer d'expliquer certains phénomènes aujourd'hui éclaircis. Le vrai est que, dans cet espace illimité qui nous semble inoccupé, nous découvrons chaque jour des substances nouvelles. De même que la matière que l'on a longtemps crue inerte témoigne de plus en plus d'une sorte de vie latente qui l'animerait et déterminerait en elle des transformations incessantes. Notons que ce serait là un argument de plus en faveur de l'Evolution.

Il semble, en effet, que tout obéisse à une éternelle évolution. De même que l'eau, pompée par la chaleur au sein de l'océan, se transforme en vapeur qui revient sur la terre, sous forme de pluie, gonfler les fleuves qui retournent à la mer, de même une masse de *vie* gît dans les flots, dans la terre et dans l'atmosphère, sous forme de molécules animées dont l'absorption et l'assimilation alimentent, par transmissions successives, des organismes de plus en plus compliqués.

Selon la tradition, rien de tout cela n'existait auparavant, rien n'existera plus après. Ce sera le *vide*, illimité aussi si l'espace que le monde occupe et le temps pendant lequel il doit durer sont illimités. Ou bien, puisque la chaleur, qui pourrait bien être le moteur universel, n'existera plus, la vie seule cessera d'animer la matière devenue cette fois véritablement inerte. A nos yeux, la chaleur dilate et le froid, c'est-à-dire l'absence de chaleur, condense ; alors peut-être que tout se condensera. Mais, comme tout l'espace ne sera plus rempli, où se condensera la matière, et jusqu'à quel degré ? Ira-t-elle en haut, au milieu ou en bas ? En bas, semble-t-il, par l'effet de la pesanteur, sauf qu'il faut se demander s'il peut y avoir un *bas* dans l'espace illimité, et même si l'espace existera dans le néant. Car si la matière n'existe plus, l'espace et le temps existeront-ils encore ?... Du coup, mon esprit a le vertige !

* *

Pourtant, il est presque universellement admis que le monde est sorti du néant et doit y rentrer. L'homme qui réfléchit ne peut s'empêcher de se demander pourquoi la Force qui aurait créé, sorti du néant, cet ouvrage si harmonique et si bien équilibré aurait l'idée de le détruire, surtout si l'on croit qu'avant et après ce monde, ç'aurait été et ce devrait redevenir ce néant absolument lugubre et inutile. Mais, par contre, il se peut qu'elle eût donné au monde une autre forme inférieure avant la forme actuelle, et qu'elle se réserve de lui en donner ensuite une meilleure encore. Il y a à cette supposition deux objections : d'abord est-il conforme à l'idée de la perfection et de la toute-puissance que l'on attribue à Dieu de l'imaginer soumis aux règles communes de l'empirisme, et modifiant son ouvrage au fur et à mesure qu'il en constate les imperfections ? D'autre part, ne serait-ce pas retomber tout simplement dans le système de l'évolution ? Ne serait-ce pas implicitement avouer que l'Univers est éternel, qu'il est adéquat à Dieu, et que les Panthéistes ont peut-être raison de soutenir que c'est l'Univers qui est Dieu ?

Enfin, quel dédale de conséquences possibles ! Si le néant doit arriver, à quoi désormais serviront le temps et l'espace ? Il n'y aura plus besoin ni de temps pour mesurer la durée du néant, ni d'espace pour contenir ce qui n'existera plus. Et, de plus, s'il n'y a plus ni matière, ni temps, ni espace, à quoi servira Dieu ? Il n'existera donc plus quand il n'aura plus rien à gouverner ? Ou bien si l'on se décide à croire que la matière, le temps et l'espace sont éternels, on ne peut soutenir que l'un des trois soit supérieur aux autres ; au contraire, on est induit à supposer qu'ils ne font qu'un. Encore une fois on aboutit au Panthéisme ; et, comme le Panthéisme n'est pas plus démontré qu'autre chose, le scepticisme s'impose.

VI. — DIEU EXISTE-T-IL ?

C'est possible, puisque tant d'individus le disent et semblent le croire. Mais, enfin, il faut bien avouer que ce n'est pas prouvé. Pour tous, hors les croyants, Dieu est incompréhensible, inexplicable, et pour certains même impossible. Il ne se présente à beaucoup d'esprits qu'à l'état d'hypothèse. Hypothèse nécessaire, dit-on, au point de vue sociologique, ce qu'il faudrait prouver ; sans compter qu'il resterait encore à examiner si certains hommes n'en abusent pas pour exploiter les autres. Mais, en tout cas, hypothèse scientifiquement indémontrable.

Il ne s'agit pas, bien entendu, de nier de parti pris l'existence de Dieu. Ce serait aussi enfantin — ou si l'on aime mieux aussi dogmatique — que de l'affirmer sans preuve. Il s'agit tout simplement de contrôler les preuves que l'on nous donne de son existence.

.˙.

Sa première qualité, son premier attribut, c'est d'avoir tout créé. Or, précisément, nous avons été conduits déjà par le raisonnement à supposer le temps, l'espace, la matière indéterminables autrement qu'éternels. Ce qui est éternel ne peut avoir été créé. *Immortel* et *éternel* sont deux mots synonymes; mais, comme on a parfois tendance à leur appliquer un sens différent, il est évident qu'il nous faudra tout à l'heure démontrer cette synonymie. En attendant continuons, en admettant provisoirement cette démonstration comme faite.

Sous nos yeux, chaque jour, la matière se transforme. La force, ce qu'on appelle l'énergie, passe pour être indestructible; sous forme de chaleur, de lumière, d'électricité, elle a seulement des manifestations diverses qui se substituent l'une à l'autre. C'est ce qui s'exprime par cet axiome scientifique généralement admis : *Rien ne se crée, rien ne se perd.*

La matière et l'énergie, indestructibles, semblant être les deux seuls aspects saisissables de l'univers, ne sont-elles pas également les seules manifestations de Dieu pour l'œil de l'homme ? L'énergie, à la rigueur, cela peut s'admettre sans trop de répugnance comme un attribut de Dieu. Mais la matière ? Si la matière est éternelle il faudrait concevoir Dieu, non comme extérieur et supérieur à elle, mais peut-être comme immanent dans le moindre caillou, rocher, galet, dans le plus humble objet vivant ou non de la nature.

Même en admettant que la force et la matière, quoique éternelles, n'ont pu exister par elles-mêmes, qu'il y a au-dessus d'elles une puissance souveraine dont elles ne sont que l'émanation, conçoit-on quel motif cette puissance a eu pour mettre en jeu la machine de l'univers ? Intérêt, caprice ou amusement, ce sont là des motifs humains que d'aucuns peuvent lui prêter, mais qui ne sont guère compatibles avec la toute-puissance planant sur un univers dont nous ne connaissons pas les bornes, et qui du reste n'en a probablement pas.

．·．

Le pire est que, si Dieu est indémontrable, toutes les religions manquent de base, sauf peut-être les religions purement philosophiques, celles surtout dont les prêtres ne cherchent pas à en vivre en exploitant leurs semblables sous prétexte de les instruire. Tels sont le Confucianisme et le Bouddhisme par exemple, dont les apôtres s'en rapportent pour vivre, et même bien modestement, à la charité publique. Les Orientaux seraient-ils plus avancés que les Européens, et l'avenir, au moins intellectuel, leur appartiendrait-il ?

Mais, laissant de côté les religions, sur le compte desquelles il y aura lieu de revenir, résumons-nous : Si l'on ne peut nettement concevoir la notion du temps et de l'espace, exactement pour les mêmes motifs on ne peut non plus concevoir Dieu. Ou Dieu est illimité, éternel, tout-puissant, comme il est naturel de l'imaginer, et il se peut bien qu'il soit l'auteur de tout, du temps, de l'espace et de la matière, et alors on retombe en face des mêmes problèmes insolubles : Qu'est-ce qu'il y avait avant le temps et qu'est-ce qu'il y aura après? Qu'est-ce qu'il y a autour de l'espace? Qu'est-ce qui soutient la matière dans le vide? Et même qu'est-ce que c'est que le vide ?

Par contre, si Dieu est co-éternel au temps, à l'espace, à la matière, il n'est donc plus le Tout-Puissant. Il a en eux des rivaux, des émules, des entités qui échappent à sa volonté, contre lesquels il ne peut rien, auxquels il est assujetti peut-être comme nous, comme tout ce qui existe dans la nature. Puisque, dans ce cas, nous ne sommes que des parcelles de la matière incréée et éternelle, variant seulement par l'évolution, on pourrait aller jusqu'à dire qu'il n'est pas plus que nous ou, poussant le raisonnement à l'extrême, qu'il n'existe pas, qu'il n'est que le produit de notre imagination.

En tout cas, s'il est, sinon impossible, du moins à coup sûr incompréhensible, combien ont été coupables ceux qui ont brûlé leurs semblables en son nom, ceux même qui persécutent aujourd'hui encore les athées ! Si le sceptique ne comprend pas ceux qui se prétendent certains de son existence, il sait, lui, comprendre et même respecter ceux qui la croient possible. Et ainsi le scepticisme est le père de la tolérance.

Le vrai est que personne n'a jamais compris Dieu et ne le comprend encore. Les païens n'auraient pas invoqué Jupiter contre le tonnerre ; ils n'auraient pas personnifié le soleil dans Apollon, la lune dans Diane, le feu dans Vulcain, s'ils avaient su qu'au-dessus de ces dieux il y avait une puissance souveraine qu'ils auraient pu invoquer contre les fléaux naturels. De même les chrétiens ne prieraient pas, dans certains cas particuliers, Notre-Dame, Saint-Georges, Saint-Michel, Saint-Antoine et tant d'autres, s'ils étaient absolument convaincus que leur maître à tous, leur créateur,

Dieu enfin, voit tout, peut tout, gouverne tout. N'est-ce pas parce que la notion précise de ce Dieu leur échappe, qu'ils ne peuvent le définir, le concevoir, qu'ils ont peut-être à son égard plus d'effroi vague que de confiance, et qu'ils sont quelque peu sceptiques eux aussi, inconsciemment ?

.*.

Cependant, sans doute pour mieux nous déterminer à croire, les prêtres nous enseignent que Dieu aime les hommes ; il s'occupe sans cesse de leur bonheur ; non seulement il a consenti à s'incarner et à souffrir comme le plus misérable d'entre eux pour leur salut, mais encore en tout lieu, à la voix d'un prêtre, à chaque heure du jour, il renouvelle ce sacrifice, descend s'unir à une substance inerte, mais comestible, que nous avalons et digérons. En plus, il préside à toutes nos actions et les dirige... sauf le cas où nous nous y refusons, au risque de l'enfer.

Aussi, est-ce en son nom que les hommes pieux entreprennent leurs opérations de toute sorte, civiles, financières, et même les expéditions guerrières. « Dieu le veut ! » disait le prêtre en provoquant les croisades, de même que Bossuet invoquait en faveur de Louis XIV « le Dieu des armées ». Plus tard le chef d'une grande nation dit à ses soldats : « Si Dieu nous protège, nous serons vainqueurs ». Avec la faveur du Tout-Puissant, il est probable qu'ils échapperont aux blessures et que, par contre, la poudre de leurs canons ne fera pas long feu.

D'autres pourtant, peut-être plus pratiques, leur diraient tout simplement : « Soyez braves et avisés, prudents et audacieux à la fois ; à la suite de la bataille, enrichis de la dépouille des vaincus, vous jouirez de tous les biens de la terre. » Et l'un et l'autre a raison, selon que leurs généraux auront été plus ou moins habiles.

La question du reste se complique, car il semble qu'il faudrait d'abord savoir si Dieu est intervenu jamais dans les affaires humaines. A priori, il semble bien qu'il n'en soit rien, en réfléchissant à la tâche immense que le Tout-Puissant a assumée de gouverner l'Univers. Notre petite planète, qui a pu être justement comparée à une goutte de boue perdue dans l'espace, doit être en réalité bien peu de chose à ses yeux, et ses habitants ne doivent pas lui apparaître comme beaucoup plus dignes d'intérêt que le moindre des insectes. Il est vrai que l'on nous enseigne qu'un insecte même ne meurt pas sans la permission de Dieu.

Heureusement, il faut supposer cette volonté de Dieu modifiable et non inflexible, puisqu'on nous dit que les prières, les cérémonies cultuelles ont la faculté d'en arrêter ou d'en précipiter les effets ; et même, en de certaines circonstances, on aurait plus de chances encore de réussir en faisant intervenir auprès de lui des intermédiaires puissants, tels que les Notre-Dame, les Antoine, ou nos patrons particuliers, ceux dont on nous a donné le nom à notre baptême, ce qui paraît les avoir flattés considérablement. Mais, comme ces intercessions ne réussissent pas toujours, on n'est que trop porté à y voir un subterfuge ingénieux qui profite du moins très réellement à l'Église, s'il ne sert pas aux Fidèles, en ce sens que leurs offrandes viennent considérablement grossir son trésor, et accroître sa puissance temporelle.

En effet, on n'est jamais sûr d'obtenir cette intervention. Le secours de Dieu est aléatoire et ne répond pas toujours à nos désirs. Serait-ce parce que nous n'aurions pas fait pour l'obtenir un sacrifice pécuniaire assez élevé ? Évidemment non ; car ce serait une vraie injustice dont le pauvre serait la victime inévitable. Résultat absolument contraire à l'idée que l'on cherche à nous inculquer de Dieu.

Est-ce qu'il ne suffirait pas non plus d'en être

dignes par notre conduite de chaque jour, sans avoir vécu cependant d'une façon conforme aux rites, plutôt même qu'à la morale évangélique? S'il en est ainsi, il faut reconnaître qu'il ne suffit pas d'avoir mérité les faveurs de Dieu, et qu'il faudrait encore, par surcroît, partager ses biens avec l'Église pour les obtenir. Ce serait un marché indigne de Dieu.

.*.

Si cependant son esprit souverain s'abaisse à surveiller les actions des hommes et à les diriger vers ce qui lui plaît, on s'explique mal l'impunité où il laisse bien souvent les méchants. Que les Sardanapale, les Néron, les Napoléon soient punis après leur mort pour avoir tyrannisé leurs semblables, il n'en est pas moins vrai que Dieu se fût montré plus miséricordieux en les empêchant de faire le mal de leur vivant. En effet, tous ceux que leur caprice ou leur ambition auront condamnés à une mort subite, sans préparation et sans possibilité de repentance, ont du coup été voués à des supplices éternels. Et jamais on ne nous a enseigné que, au jugement dernier, leurs victimes pourraient obtenir l'atténuation de la loi de sursis.

Après tout, c'est peut-être en faveur de ces

victimes du despotisme que l'Eglise a inventé le Purgatoire, duquel ses livres saints n'ont jamais fait mention. Mais, faute de toute explication précise à cet égard, on ne saurait reprocher aux sceptiques le doute dans lequel leur esprit reste involontairement plongé.

* * *

Ainsi on doute de l'affection de Dieu pour les hommes. On doute de la réalité de son intervention dans les affaires humaines. On pourrait même aller plus loin, et, si l'on admettait en son entier l'enseignement de l'Eglise, on pourrait presque l'accuser d'injustice et de cruauté.

En effet, les châtiments éternels auxquels sont voués les incrédules et les athées ne sont certes pas une preuve de sentiments affectueux. Aux autres il tend, ou leur laisse tendre par le Diable, des pièges malheureusement très séduisants, auxquels les infortunés se font prendre en si grande quantité que le nombre des damnés dépasse de beaucoup celui des élus.

Enfin, cet enseignement de l'intervention de Dieu implique une contradiction. On ne sait plus trop alors ce qui reste du libre arbitre. Si Dieu nous dirige, nous ne sommes pas responsables. Et, si nous ne sommes plus responsables, il n'y a pas lieu de nous punir ou de nous récompenser. Avouons néanmoins que toutes ces constatations sont regrettables. On aimerait mieux, et il vaudrait mieux croire en l'existence de Dieu — non peut-être au point de vue de la moralisation des hommes, puisqu'il est facile de constater combien est faible l'influence de la foi à cet égard; mais au point de vue de l'*Idéal*, si nécessaire aux esprits élevés, et dont l'idée de Dieu serait la source. Mais il faut pour cela que l'idée de Dieu soit débarrassée des superstitions qui la rapetissent et la défigurent.

L'homme en se contemplant lui-même, si petit et si faible au milieu de cet univers immense et harmonique, sent confusément le besoin de trouver un créateur et un ordonnateur suprême de toutes choses, seulement cette conception ne lui apparaît que vague et indéfinissable. Aussitôt qu'il veut la préciser, il tombe dans les invraisemblances et les contradictions. Le Dieu des religions n'est plus, hélas! le Dieu de la philosophie et de la poésie.

VII. — L'IMMORTALITÉ ET L'ÉTERNITÉ

Que quelque chose ne puisse pas être immortel sans être éternel aussi; qu'immortel et éternel soient deux termes synonymes; que ce soient deux faits identiques, adéquats, cela est pour l'esprit réfléchi une affirmation évidente, incontestable, un axiome, quelque chose en un mot qui s'impose et qui n'a pas besoin d'être démontré.

Cependant, il semble bien que cette proposition n'a pas été envisagée de même façon par tous les hommes et dans tous les temps. Dans la religion païenne, Jupiter octroie à Hercule, né d'une femme et mortel, le privilège de l'immortalité qui le rend l'égal des dieux. Dans la secte catholique qui, pour se faire plus facilement adopter par les populations, a conservé à son profit bien des traditions et des usages du paganisme, on paraît vouloir en agir de même à l'égard de certains mortels qui se sont distingués par leur piété; on nous invite à invoquer l'intercession des saints pour obtenir de Dieu certaines faveurs.

Il est vrai que l'on peut supposer que leur âme seule a survécu, que leurs corps ne sont pas immortels, et que de même, en poussant jusqu'au bout l'analogie, ce n'est pas le corps d'Hercule et de ses émules qui a reçu l'immortalité. Sans s'attaquer ici au problème de l'immortalité de l'âme, qu'il faudra bien élucider aussi, il suffira de se rappeler deux choses : d'une

part que ni les Païens, ni les Hébreux, comme
ce serait facile à démontrer, ni peut-être même
les premiers disciples de Jésus ne croyaient à
l'âme immortelle (s'il est question de l'âme dans
les Évangiles, je crois bien que l'épithète d'immortelle ne lui est jamais jointe); d'autre part,
que ne pas admettre l'immortalité du corps
ressuscité aussi bien que celle de l'âme, c'est
contredire une croyance à laquelle l'Église a
longtemps été attachée, quoiqu'elle garde aujourd'hui une réserve prudente à ce sujet.

.*.

Ce n'est là, du reste, qu'une question accessoire. Ce sur quoi il faut appuyer c'est que l'âme,
comme tout ce qui est déclaré immortel, doit
être en même temps éternelle. Qu'il s'agisse d'un
objet matériel ou d'une substance immatérielle,
disons mieux d'une entité, d'une entéléchie
comme disent les spiritualistes — car substance
implique matérialité — il semble qu'il ne soit
pas besoin de prouver que, puisqu'elle est née,
elle doit périr. Les circonstances qui ont déterminé sa création ne peuvent se supposer immuables pour assurer sa conservation, principalement dans ce monde que nous voyons en
évolution continue. Ceci, si elle était née pour

ainsi dire spontanément. Si elle a été créée par une force supérieure, elle lui est subordonnée ; et il est bien facile de comprendre que la force qui l'a créée peut la détruire.

Oui, dira-t-on, elle le peut. Mais, si elle renonce à exercer son pouvoir, de ce fait voilà quelque chose qui devient immortel sans être éternel. Il ne reste plus qu'à s'incliner ; c'est un miracle ! On pourrait s'en tenir là de part et d'autre. Si les lois de la nature sont vraies, rien ne peut être immortel sans être éternel aussi ; mais si nous admettons le miracle, nous voilà dans la foi, et nous n'avons que faire du raisonnement. Ne croire que ce qui peut se démontrer, c'est précisément là le scepticisme.

.ˑ.

En disant que la Force qui a créé quelque chose peut également avoir la puissance de le détruire, n'est-ce pas un vrai truisme que l'on formule ? Si elle lui a donné un commencement, il est évident que, sous peine de se diminuer elle-même, elle doit pouvoir lui imposer une fin. Que si, l'ayant créée, elle avait la fantaisie de la laisser vivre, ce ne serait qu'une tolérance ; ce ne deviendrait jamais un droit pour la créature. La créature doit demeurer soumise au créateur, autrement elle serait son égale.

Il est vrai que, considérant un Dieu tout-puissant, on peut admettre, sans toutefois l'expliquer, qu'il donne l'immortalité à quelqu'un ou à quelque chose. Mais on conçoit difficilement qu'il se résolve à le faire. Ce serait diminuer son autorité, son importance, son prestige; il se serait créé des rivaux, presque des égaux, puisqu'il s'enlèverait à leur égard cette sanction suprême, le droit de les détruire, la supériorité réelle qu'il avait vis-à-vis de créatures sorties par sa main du néant, et que sa main pouvait y faire rentrer.

Quelle différence de pouvoir y a-t-il entre être immortel ou éternel? Que peut l'éternel sur le passé de l'immortel? Et quand même, qu'importe? C'est le futur qui est intéressant, et, à cet égard, tous deux se valent, puisque tous deux sont assurés de l'avenir.

L'immortalité, sans l'éternité, c'est une idée bizarre, incohérente. C'est analogue à un bâton dont une extrémité serait dans votre main et l'autre extrémité nulle part. Il participerait à la fois à deux natures; à une nature contingente, compréhensible, ordinaire par un bout; à une nature idéale, exceptionnelle, conventionnelle, incompréhensible par l'autre bout.

VIII. — L'IMMORTALITÉ DE L'AME

Si nous avons insisté sur ce qui nous semblait une incompatibilité radicale entre ces deux conceptions d'immortalité et d'éternité, ou pour mieux dire sur leur synonymie fondamentale, c'est principalement pour confirmer les doutes que nous inspire l'immortalité de l'âme.

L'âme, dit-on, est immortelle. D'après la démonstration faite tout à l'heure, elle doit être éternelle également ; voilà le point de départ. Maintenant, n'oublions pas que la matière, en tant qu'éternelle aussi, est soumise à une évolution continue, évolution qui renouvelle sans cesse toute chose. On objecte que l'âme est *une* et non divisible comme la matière, et que, par conséquent, elle ne doit pas pouvoir changer de forme ; ce qui ne veut pas dire qu'elle ne change pas d'aspect ; elle peut emprunter des qualités, bonnes ou mauvaises, au corps qu'elle habite momentanément. La lune n'est lumineuse que par reflet.

Pour être personnelle, et par conséquent responsable comme on l'enseigne, il faudrait qu'elle eût été créée. Mais alors elle ne serait pas immortelle; croire que quelque chose puisse être immortel sans être éternel, nous savons maintenant que c'est de la foi et non du raisonnement.

Tout ce qui a été créé doit avoir une fin, autant du moins que l'entendement humain peut s'en rendre compte. Ce qui peut être créé, nous le voyons tous les jours, c'est un composé quelconque de molécules qui, elles, sont éternelles, et ne font que changer de mode d'agglomération pour former ce que, jusqu'à présent, l'ignorance humaine croit être des corps distincts. Si l'âme était de cette nature et objet de création, ce ne serait plus l'âme une de la métaphysique, ni l'âme immortelle de la religion.

.•.

Cependant on objecte que l'âme n'est pas de la même nature que le corps. Le corps est composé de matière, il est un assemblage de molécules qui, après sa dissolution, vont se réunir à la masse éternelle et indestructible dont elles étaient momentanément séparées. L'âme, au contraire, est immatérielle; c'est un souffle, une émanation de Dieu, dans lequel elle retourne se confondre après la dissolution du corps qu'elle animait.

Soit. Alors l'âme est de la même nature que

Dieu. Elle est immortelle, c'est entendu ; mais, comme lui, elle n'est pas qu'immortelle, elle est éternelle aussi. Une fois séparée du corps, rentre-t-elle dans son identité, ou va-t-elle successivement animer d'autres corps ? Ici, les avis sont partagés ; les uns sont pour et d'autres contre *la métempsycose*. En tout cas, l'âme n'est décidément pas personnelle.

.•.

Cette constatation a de l'importance. En effet, suivons la filière : L'âme est une émanation de Dieu, ou du créateur quelconque qui est la source de toute vie, de tout esprit, de toute intelligence ; à chaque agglomération de matière qui forme un être nouveau — humain seulement pourtant si l'homme seul a une âme — il insuffle une portion infinitésimale de sa propre essence, qui en fait un être susceptible de raisonnement, de réflexion, de choix, ce qui légitime une punition ou une récompense après sa mort — c'est-à-dire après la dissolution de son corps — s'il a mal choisi.

Mais si l'âme retourne au grand Tout dont elle est émanée, alors il n'y a plus pour elle ni punition ni récompense possible ; car on ne conçoit pas Dieu se récompensant ou se punissant lui-même. L'âme aurait toujours quelque sorte de connexion avec lui, même si elle demeurait isolée de ce Tout pour être soumise à sa justice suprême. D'autre part, si elle a bien ou mal agi pendant son séjour sur la terre, ce ne peut être que sous l'influence du corps, cette portion de matière à laquelle elle était momentanément unie. Et, en effet, la morale religieuse nous fait une loi de faire réagir l'âme contre les impulsions du corps.

Et, au vrai, qui devrait être responsable? L'âme qui n'a pas choisi le corps dans lequel elle a été envoyée? ou Dieu lui-même qui lui avait imposé cette alliance, qui avait choisi ce corps, et non un autre, pour être le compagnon temporaire de cette âme? Pourtant, il les connaissait d'avance, lui qui est éternel, qui sait tout, voit tout et peut tout. Il est vrai qu'il a pu s'interdire à lui-même de prévoir le résultat de cette union, afin d'éprouver cette âme, et d'avoir plus tard le droit de la juger. A bien y penser, ce ne serait peut-être pas très charitable; mais il y a mieux! N'oublions pas, en effet, que cette âme était une émanation de lui-même, une portion de sa substance, devant avoir les mêmes aptitudes que lui. Et elle a pu être tentée, lutter, défaillir! Il le peut donc aussi, lui? Éternel, en face de la matière, éternelle aussi, pas plus puissant qu'elle, en lutte avec elle, parfois vainqueur, parfois vaincu..... Cette fois, nous tombons, non plus dans le panthéisme, mais dans la religion des Parsis. Nous sommes en présence d'Ormudz et d'Ahriman et nous assistons à la lutte entre le Bien et le Mal.

.·.

A un autre point de vue, la notion de l'âme nous échappe encore plus, en ce sens qu'elle est immatérielle. Car, si déjà nous ne pouvons concevoir ce qui est indéfini, il nous est encore plus difficile peut-être de concevoir ce qui est immatériel. A la rigueur, l'infini, par le point qui est en quelque sorte en contact avec nous, par son milieu pourrait-on dire, puisque ses deux extrémités se prolongent au-delà de la portée de nos sens, l'infini peut à peu près nous être accessible ; mais ce qui est immatériel ne nous offre aucune prise, puisque, non seulement il n'a ni commencement ni fin, mais il n'a pas même de milieu.

L'âme, dit-on, est un souffle. Or un souffle se présente à notre esprit sous une forme parfois tangible. Un souffle, un vent, est une agitation, un déplacement de l'air qui, lui, est matériel, puisqu'il est composé de gaz dont la matérialité est bien constatée, qui sont compressibles, échauffables, dilatables et même liquéfiables.

Mais ce qui est immatériel ne doit pas pouvoir obéir aux forces physiques et, de plus, semble impossible à fixer quelque part. Et pourtant, l'âme doit être fixée en quelque partie de notre individu. Elle apparait dans notre corps à notre naissance, ou peut-être quelque temps après, et passe pour disparaître à notre mort. Déterminant toutes nos sensations, il semble qu'elle devrait être placée dans notre cerveau qui, par le moyen des ramifications de tous les nerfs, commande ou reçoit toutes ces sensations, même celles qui sont inconscientes, involontaires ou, comme on dit, réflexes.

Par quel côté, de quelle façon elle peut être attachée à nous, puisque, en sa qualité d'immatérielle, elle ne peut être soumise à aucune des forces qui régissent la matière, l'attraction, la gravitation, la pesanteur, etc., etc., cela échappe à nos sens, à notre entendement. C'est une hypothèse, comme toutes celles à l'aide desquelles nous cherchons à expliquer les phénomènes que nous ne comprenons pas. On peut y croire, mais non y faire croire les autres, puisqu'on ne peut pas la démontrer.

.•.

L'homme a visiblement la même organisation physique que l'animal. Aussi, a-t-il les mêmes besoins physiologiques que lui ; il ressent la même ardeur à les satisfaire, et éprouve les mêmes jouissances en les contentant. Il est tenté, comme lui, de s'approprier tout ce qui peut lui être utile ou agréable, en quelque genre que ce soit.

Alors on est conduit également au scepticisme sur le compte du Diable. A quoi Satan peut-il bien servir? Tout ce qu'il pourrait suggérer à l'homme, sa nature animale suffit à le lui conseiller, et il n'y a pas besoin d'une intervention surnaturelle pour cela. Dieu n'avait pas besoin de créer Satan pour soumettre les hommes à ce cruel dilemme, au bout duquel se trouve une éternité de punition ou de récompense.

C'est là que la tradition intervient pour nous rappeler que l'homme se distingue de l'animal, en ce sens qu'il a de plus que lui une âme immortelle, ce qui lui confère une responsabilité particulière. On pourrait objecter que l'âme ne se manifeste guère chez l'enfant, et souvent perd un peu de sa puissance chez le vieillard, au moment surtout où on le déclare *retombé en enfance*. Donc l'âme aurait un accroissement et un déclin. De là, il n'y a pas loin à supposer qu'elle a un commencement et une fin; et par suite qu'elle n'est pas immortelle.

Si elle a vraiment un commencement et une fin, il est bien probable qu'elle est matérielle; cette condition de naissance et de mort implique la matérialité; seulement, comme il est impossible de le démontrer, on ne peut l'admettre qu'à l'état d'hypothèse. Le contraire, pour les mêmes raisons, ne peut être considéré que comme une hypothèse aussi; et tout nous dit que ni l'âme immortelle ni Satan ne paraissent nécessaires.

Non seulement l'homme pourrait ne pas avoir d'âme, Satan pourrait ne pas exister et cependant l'homme pourrait être tenté, comme l'animal, de tuer, de dérober, de forniquer pour obéir à ses instincts naturels. Qu'il ait intérêt à y résister, c'est une autre affaire, et qu'il se repente de ne pas l'avoir fait, c'est bien naturel puisqu'il en reçoit du dommage. Mais expliquer, et surtout affirmer, n'est pas le but de cet opuscule; il doit nous suffire d'avoir montré que nous avions bien le droit de douter de l'immortalité de l'âme.

．．

Du reste, si l'on cherche à approfondir ce mystère, les objections se présentent en foule.

Que nous affirme-t-on ? C'est qu'en réalité l'homme est créé en deux fois : d'abord par son père et sa mère, conformément au même procédé brutal que les animaux ; mais, aussitôt après, Dieu intervient pour lui insuffler une âme qui le différencie des bêtes, le met au-dessus d'elles en lui donnant une responsabilité, dont même les sanctions sont passablement sérieuses. C'est déjà assez difficile à comprendre ; mais admettons-le, puisqu'on nous l'enseigne ainsi, et que nous ne pouvons contrôler cet enseignement. Car si, malgré tout, nous essayons de le contrôler, comme on a négligé de joindre les preuves aux affirmations, nous nous trouvons en présence de contradictions, d'impossibilités bien propres à faire naître le doute.

Et d'abord cette âme, immortelle puisqu'elle est une émanation de Dieu, subit, comme notre corps matériel et périssable, une évolution, une éducation, un accroissement ; et même un accroissement parallèle à celui de notre corps et qui lui semble subordonné. De sorte qu'elle rentrera dans l'éternité plus complète, ou au moins différente de ce qu'elle était quand elle en est sortie. Elle est fruste, ignorante au début de la vie, puis elle subit les influences de l'éducation, de l'exemple ; et cependant ceux qui la façonnent ainsi n'encourent aucune responsabilité dans sa conduite future. Lui tient-on compte au moins, au jugement dernier, des influences étrangères qui l'auront ainsi modifiée? Et même, comment une âme qui est d'essence divine peut-elle céder à ces influences?

.˙.

En plus, il y a l'hérédité. L'hérédité se comprend parfaitement pour le corps; il est bien naturel que ses auteurs lui aient imprimé leur cachet, dans des proportions diverses. C'est ce que l'observation la moins sagace nous fait constater aisément : Le fils d'un ouvrier est souvent adroit de ses mains; celui d'un meurtrier a des penchants cruels. Déjà, cependant, dans ce deuxième cas, l'hérédité semble provenir plutôt de l'âme que du corps. Mais passons ! L'hérédité se montre plus compliquée, mais encore concevable, dans l'atavisme; c'est à un grand-père, à tel ou tel lointain aïeul que nous devons certaines aptitudes physiques qui ont traversé une ou plusieurs générations à l'état latent et sans se développer.

Mais, que dire des hérédités autres que physiques? Il y a des aptitudes à certaines vertus ou à certains vices dont la trace se décèle dans nos auteurs médiats ou immédiats. Comment alors ne pas se demander si l'*âme* ne nous a pas été transmise par eux? Est-ce la seule sensibilité de nos nerfs qui nous rend bons, compatissants, serviables, indulgents, affectueux ou, au contraire, méchants, méprisants, cruels, sévères pour autrui? Ce n'est pas probable, car on voit difficilement une entité immatérielle, comme l'âme, subissant l'influence, même purement nerveuse, d'une substance matérielle comme notre corps. D'ailleurs, on peut deviner déjà dans l'enfant le germe de ces prédispositions morales qui se développeront plus tard. L'âme apparaît déjà chez lui comme promettant d'être mauvaise ou bonne, tendre ou cruelle, altruiste ou égoïste. De qui tient-elle ces aptitudes? Ce ne peut être de l'hérédité, si l'âme procède exclusivement de Dieu. Si c'est de l'hérédité, elle ne peut pas être considérée comme responsable ni être punie ou récompensée.

Faible, elle succombera aux incitations de la matière à laquelle elle est unie; forte, elle leur résistera. Et c'est là précisément la lutte à laquelle elle est soumise, l'épreuve qui décidera de son destin futur. Mais qui l'a faite forte ou faible? Et même comment pourrait-elle être faible, si elle émane de Dieu qui est essentiellement fort et vertueux?

IX. — L'ANIMAL A-T-IL UNE AME?

L'homme naît, vit et meurt incontestablement de la même façon que l'animal. Il se voit exactement les mêmes organes que lui pour cela, à ne considérer au moins que les animaux supérieurs. Il obéit aux mêmes besoins que lui, et les satisfait avec la même intensité, le même plaisir, la même nécessité que lui. Et cependant, il est généralement admis que l'homme a une âme et que les animaux n'en ont pas.

C'est que, dit-on, au-delà et au-dessus de ses besoins physiques, l'homme a des besoins intellectuels et moraux. Comment les conçoit-il et les satisfait-il ? Par le jugement, le raisonnement et l'imagination qui sont des facultés cérébrales. Mais qu'il en ait le privilège exclusif, c'est peut-être ce que l'on ne pourrait démontrer; les animaux jugent, raisonnent, imaginent, à un degré inférieur sans doute ; mais leur cerveau et leur système nerveux existent et ne sont pas inertes.

Agrandi, développé, devenu plus sensible et plus puissant, le cerveau de l'homme lui permet de nourrir et communiquer les idées les plus hautes, même des idées religieuses. Il peut, en exerçant ses facultés cérébrales, s'imaginer qu'il a, dans quelque lieu inconnu et inaccessible, un créateur, un maître. Il croit voir l'Univers si vaste et, pourtant, si bien ordonné qu'il ne peut pas se figurer qu'il soit né spontanément. En se jugeant supérieur aux autres créatures vivantes, son imagination va jusqu'à se concevoir lui-même comme une créature d'élite, et il s'est donné une âme pour se distinguer des autres. Mais ses facultés cérébrales lui suffisent très bien pour accomplir ce travail intellectuel.

On pourrait donc dire que l'âme de l'homme n'a d'autre raison d'être que de le rendre, vis-à-vis de Dieu, responsable de tous ses actes. Dieu ne la lui aurait donnée que précisément dans ce but, c'est-à-dire pour se réserver le droit de le punir ou de le récompenser. Ce qui aurait une apparence étrange de méchanceté ; ce qui serait comme un piège tendu sous ses pas ; ce qui serait enfin une injustice, puisque, en lui donnant, en plus de l'animal, une âme exposée à des supplices éternels, il ne l'aurait pas affranchi des besoins du corps, des suggestions physiques qui déterminent les actiosn de l'animal.

En présence de ces reflexions et en l'absence de preuves solides pour appuyer cette conception qui a pourtant pour but de montrer la prédilection de Dieu en notre faveur, le sceptique se sent incliné à se dire : Ou bien les animaux ont une âme, ou bien les hommes n'en ont pas.

X. — LA RELIGION

S'il est vrai que la vie soit éternelle comme la matière, dont elle pourrait bien n'être qu'un des aspects — peut-être même le seul aspect ; si la vie a des degrés qui nous sont encore inconnus, et si la matière, inerte, inorganique comme nous la croyons, ne nous paraît telle que parce que nos yeux sont encore impuissants à se rendre compte des lois vitales auxquelles elle obéit ; si l'absolu, le temps, l'espace sont des conceptions inaccessibles à notre entendement ; si l'homme et l'animal sont éternels, en tant que composés de molécules groupées en un assemblage spécial que l'on appelle organique ; si l'homme par conséquent n'est qu'un anneau de cette vaste chaîne qui représente l'évolution universelle, que nous nous croyons en droit de supposer en progrès continu ; il est probable qu'il n'a pas dû être toujours aussi intelligent qu'il l'est aujourd'hui, et qu'il doit le devenir encore davantage dans l'avenir.

Alors il est bien naturel que, pendant les premiers stades de son évolution, à l'heure où il émergeait peut-être de l'animalité, il ait éprouvé le besoin de se faire une religion. Comme il avait à se défendre contre les cataclysmes de la nature primitive qui lui inspiraient un effroi d'autant plus intense qu'il n'était pas encore assez instruit pour en démêler les causes, les forces naturelles furent ses premiers Dieux. On adore ce que l'on craint ; on cherche à se rendre favorable ce qui peut vous faire du mal. Jupiter dirige la foudre ; Apollon est la source de la lumière et de la chaleur, nécessaires dans leur modération mais nuisibles dans leur excès ; Neptune commande à la mer qui envahit la plage et engloutit la barque des navigateurs.

* *

La religion, à la vérité, suit l'homme dans son évolution et s'affine à mesure qu'il devient plus savant et plus sage. Ainsi, les Dieux primitifs ne lui donnent guère que l'exemple de la satisfaction de besoins physiques et de passions brutales ; il en résulte que leur culte finit par se confiner dans la partie inférieure de la population, tandis qu'il n'est conservé qu'à l'état de frein social et moral par l'élite, dont la connaissance des lois naturelles et l'intuition des lois sociales ont fortifié l'intelligence.

Alors il naît, non pas peut-être une nouvelle religion, mais un aspect nouveau, plus pur et plus honnête, de la religion. La morale s'améliore, mais à peine le dogme. Jésus est le fils de Dieu, comme Jupiter était le fils de Saturne. Sa filiation est même plus compliquée et plus invraisemblable. Mais n'est-ce pas une sorte de progrès que de substituer ce que l'on appelle un mystère à une conception brutale qui rapproche Dieu de l'homme et semble presque les identifier ? En tout cas, c'est mettre à l'origine de la religion quelque chose d'impossible à expliquer qui impose le respect à la masse ignorante.

Puis, si la religion est le produit d'une spéculation de l'homme qui cherche à améliorer son sort en se mettant sous la protection de la divinité, il est bien naturel que la superstition envahisse cette nouvelle forme de culte, comme elle avait envahi la précédente. Et toujours par la même pente, par la même déviation : la substitution des Dieux inférieurs au Dieu suprême ; l'adoration des saints, comme auparavant le culte des héros ; les ex-voto dans les cathédrales, comme jadis dans le temple de Cos ; les guérisons miraculeuses que nos différentes vierges envient à Esculape ; Notre-Dame des flots, rivale, ou pour dire vrai, héritière de Neptune.

．＊．

On a dit pour expliquer cela que l'homme était un *animal religieux*. Que la religiosité soit une tendance naturelle à l'homme, qu'il ne puisse pas se passer d'une religion quelconque, au point même d'en inventer et de s'en imposer une fausse à lui-même, quand la *vraie* lui fait défaut pour quelque raison que ce soit, cette allégation est contestable, puisqu'il y a des voyageurs, des explorateurs, qui prétendent avoir rencontré des peuples sauvages qui n'avaient pas même l'ombre d'une idée religieuse.

Mais admettons-la aveuglément ; et voyons les conséquences :

D'après presque toutes les religions, principalement selon le catholicisme, les fétichistes, les incrédules, les *gentils* comme disent les Ecritures, les schismatiques seront irrévocablement condamnés, malgré les circonstances atténuantes qu'ils pourraient faire valoir en leur faveur ; et cela semble évidemment injuste et cruel, puisqu'ils n'ont fait qu'obéir à une tendance naturelle que leur Créateur leur a donnée, puisqu'ils sont bien excusables d'avoir cru sur parole leurs prêtres et leurs apôtres, absolument comme les chrétiens qui obtiendront une récompense pour avoir écouté les leurs.

L'enfant est pourvu d'un cerveau impressionnable ; il est naturellement confiant ; il ajoute foi aux paroles, aux exemples des adultes ; il a bien de la peine plus tard à effacer de son cerveau les empreintes de cet enseignement. De sorte que le punir de cette faiblesse native, surtout quand ses instituteurs lui ont affirmé que Dieu lui-même a dicté ces croyances et qu'ils ne sont que ses interprètes, le punir par des peines éternelles comme celles du feu inextinguible de l'Enfer, tout le monde conviendra que c'est — répétons-le — non seulement cruel mais souverainement injuste.

Il vaudrait mieux croire que Dieu, que l'on ne peut raisonnablement soupçonner de cruauté et d'injustice, leur pardonnera en raison de leur bonne foi. Mais alors, quelle raison, quel intérêt y a-t-il à ce qu'on leur expédie à grands frais des missionnaires chargés de les éclairer, de les ramener à la vraie foi, puisqu'ils seraient dans une condition meilleure que la nôtre, puisqu'ils seraient assurés d'être épargnés ; tandis que ceux qui ont été élevés dans la vraie religion ne peuvent échapper à la punition qu'à de certaines conditions, et notamment en évitant les sept péchés capitaux auxquels la plupart des hommes sont si portés, et qui même pour quelques-uns d'entre eux, comme certains Océaniens, sont justement des vertus ? C'est leur rendre un mauvais service que d'essayer de les éclairer.

.˙.

On a dit encore qu'il importait à la gloire de Dieu que tous les hommes crussent en lui ; mais il ne faudrait pas, ce semble, en conclure que ce motif de vanité pure le pousse à la cruauté et à l'injustice.

D'ailleurs, si toutes les religions recommandent la vertu et condamnent le vice, au point d'offrir une récompense à la première et de menacer d'une punition le second, qu'importe aux prêtres de quelque religion que ce soit que les hommes soient vertueux au nom de Jehovah, de Brahma, de Confucius ou de Jésus, et qu'ils s'inclinent devant la doctrine de Mahomet ou reconnaissent la Toute-Puissance de Dieu, puisque toutes ces croyances leur imposent le même degré d'honnêteté ?

Est-ce dans l'intérêt de la société humaine, afin d'y faire régner l'Ordre et la Morale, sous la domination incontestée de l'Eglise ? Ou bien uniquement dans l'intérêt de l'Eglise dont la richesse et le pouvoir augmenteraient en même temps que le nombre de ses fidèles ? Ce serait une contradiction avec cette parole célèbre du fondateur du christianisme : « Mon royaume n'est pas de ce monde. »

*
* *

Si l'Eglise était restée fidèle à ce précepte, elle serait devenue une école de morale. Mais, à bien y réfléchir, quel besoin a le monde de pratiquer une religion quelconque pour obéir à la morale ? On conçoit facilement que, dans l'intérêt, pour la stabilité et le bon fonctionnement de la société qu'ils ont fondée entre eux, les hommes se soient respectivement imposé certaines lois, certaines restrictions. On comprend qu'il soit défendu de voler à autrui le bien qu'il a péniblement acquis ; de tuer ou blesser son prochain, soit par ruse soit en abusant de sa supériorité physique ; on comprend qu'un homme et une femme ne doivent coucher ensemble qu'avec le consentement de la loi, parce que les enfants qui naîtraient d'eux pourraient, sans cette précaution, être abandonnés à la misère, à une éducation dangereuse pour eux, et même pour les autres.

Mais qu'est-ce que tout cela peut bien faire à Dieu, et pourquoi l'Eglise, qui le représente, interdit-elle aux hommes les mauvaises mœurs et les mauvaises actions? En quoi ce qu'on est convenu d'appeler ainsi nuit-il au cours et au bon fonctionnement des choses de la nature? Il y a des sociétés humaines, inférieures si l'on veut — mais en quoi inférieures? — qui évoluent journellement avec des mœurs et une législation différentes de celles des autres sociétés. Chez les unes, l'homicide est la plus sûre défense individuelle ou publique. Il y en a où le vol est le meilleur moyen d'acquisition des denrées nécessaires à l'existence. Les filles, en Orient, naissent, dit-on, plus nombreuses que les garçons, et la police publique obvie à cet inconvénient, ici en autorisant le sacrifice d'un certain nombre de filles à leur naissance, là en permettant à chaque homme d'avoir plusieurs femmes.

Même si ces mœurs offensent un sentiment universel ou sont susceptibles de nuire au développement normal de la société humaine, on aurait encore à se demander de quel droit une religion se substitue à cette société pour déterminer ses règles et ses lois, à moins que l'Eglise chez nous (ou un collège de prêtres dans quelque autre pays), ne se considère comme la régulatrice suprême de la société humaine — ce qui a été le cas autrefois et ce qui est encore le cas chez les sauvages, où le législateur se confond avec le ministre de la religion et met ses prescriptions sous l'égide de la divinité acceptée de tous, afin d'en assurer la respectueuse observation.

Les animaux s'abandonnent librement à ces prétendus excès, et cela ne dérange en rien, quelques-uns affirment même que cela favorise l'ordre de la nature. A l'homme seul Dieu l'aurait défendu. Pourquoi? Si en réalité cette défense n'est pas utile, c'est donc par caprice, sans raison ; ce que l'on ne peut supposer. C'est peut-être parce que l'homme a une âme et que l'animal n'en a pas, ce qui, on l'a déjà vu, n'est qu'une présomption mais non une certitude. Or, précisément, grâce à son âme, il est en état de juger de ce qui peut lui être utile ou nuisible, sans que Dieu ait eu besoin de le lui enseigner. En admettant que l'homme ait une âme et, en même temps, q   a besoin que quelqu'un lui prescrive ses règles de conduite, on semble bien se mettre en contradiction avec soi-même.

D'autant plus que l'Eglise a toujours eu des ménagements pour la puissance temporelle. Elle a des trésors d'indulgence pour les tyrans qui peuvent entraver ou favoriser son influence et sa fortune, tandis qu'elle se montre impitoyable pour les pauvres. Elle chante des *Te Deum* pour les usurpateurs qui ont fait massacrer un peuple, et laisse paisiblement guillotiner le chemineau qui tue son semblable pour dissimuler le vol de quelque monnaie.

*
* *

Ceci a trait particulièrement à la religion catholique. Mais il y en a d'autres, et beaucoup. Il faut donc se demander s'il n'y en a pas une meilleure, car il ne s'agit pas de proscrire *a priori* la religion. L'esprit de l'homme, aux prises avec les mystères, avec l'inconnu, a soif de comprendre, et c'est une justice à lui rendre que, dès qu'il comprend ou croit comprendre, il se met à croire sincèrement. Mais, pour cela, il a besoin de simplicité, de clarté.

La preuve, c'est que tous les hommes, à quelque secte qu'ils appartiennent, à quelque degré de civilisation qu'ils soient parvenus, sont au fond monothéistes. Même quand ils croient au mal ils le supposent dominant sans obstacles, et leurs uniques prières ont pour but de l'apaiser, témoins les sauvages fétichistes. Quand ils reconnaissent l'existence de deux Génies antagonistes, le Bien et le Mal, ils ont la confuse certitude que le Bien finira par l'emporter, comme le pensent les Parsis.

L'homme vit dans un Univers qui lui apparaît d'autant plus immense que la science a à sa disposition des moyens d'investigation plus perfectionnés. Il ne peut guère s'imaginer que cet Univers existe par lui-même, et moins il le comprend plus il est disposé à lui supposer un créateur. Habitué à voir une cause à l'origine d'un effet quelconque, ce créateur lui apparaît comme la cause nécessaire. Il faut bien qu'il y ait quelqu'un qui ait donné l'impulsion première à tout ce qui se meut !

C'est ainsi que les panthéistes en sont arrivés à voir dans le temps et l'espace qui, étant éternels, ne peuvent avoir été créés, sinon le créateur lui-même qui leur reste inconnaissable, mais en quelque sorte son image et sa manifestation. Une grande partie des peuples anciens et déjà assez cultivés pour nous avoir transmis non seulement leur histoire mais les premiers rudiments des sciences et de la philosophie, croyaient au Temps éternel et même l'adoraient comme auteur de l'Univers. Témoin le Saturne des Grecs et des Romains.

.

C'était déjà presque la religion catholique, sauf quelques détails ajoutés par elle. Jupiter, roi de l'Olympe, est *le fils* de Saturne. Il ne devait à la vérité pas être éternel, car il est bien avéré qu'il a été créé. On sait même que sa mère a été obligée d'employer un subterfuge pour le soustraire à la voracité de son père qui avait la déplorable habitude de manger ses enfants. Image poétique et d'un réalisme saisissant, puisque le Temps efface et détruit toute chose.

On pourrait déduire de cela que Julien l'Apostat était un grand esprit, judicieux et logique. A quoi bon, pensait-il, remplacer les superstitions anciennes par de nouvelles superstitions qui reposent sur les mêmes bases? Il comprenait bien que l'esprit borné des hommes craindrait toujours de s'adresser à la puissance souveraine du Créateur, si lointaine, si incompréhensible, si peu adéquate à leur propre nature périssable, et qu'ils trouveraient plus pratique de s'adresser à des dépositaires temporaires de son autorité, à des créatures intermédiaires qui pourraient intercéder pour eux. Comme un Français du xviie siècle qui voulait obtenir un grade militaire s'adressait à Louvois, et celui qui briguait un poste administratif à Colbert, mais ni l'un ni l'autre à Louis XIV.

Et il avait tellement raison, ce défenseur du paganisme, que nous voyons aujourd'hui les dévots implorer Marie, Joseph ou Antoine, au lieu de s'adresser directement à Dieu. De même que les païens sacrifiaient à Jupiter, à Junon, à Minerve ou Apollon plutôt qu'à Saturne, qui était pourtant leur père ou leur aïeul à tous. Les Juifs, tant décriés aujourd'hui, sont peut-être les seuls monothéistes, sauf les protestants, qui ne sont du reste que des rationalistes et qui discutent les dogmes avant de les adopter.

.*.

Ici, le scepticisme demande à faire une distinction. Si à la rigueur — car ce sera plutôt par simple induction que par suite d'une démonstration — on peut comprendre, ou au moins admettre le Dieu des Juifs et des chrétiens et celui des païens, Dieu et Saturne, tous les deux souverains des dieux, ou des anges, et des hommes, tous les deux créateurs de toutes choses, en revanche on éprouve une certaine difficulté à se faire une idée nette et précise de Jésus et de Jupiter. Ils sont immortels, soit! mais éternels? Puisqu'ils sont nés (même Jésus; en avait-il jamais été question, sauf dans d'obscures prophéties?) il semble bien qu'ils devaient mourir, en vertu de l'axiome scientifique : *Rien ne se crée, rien ne se perd.* Il est vrai que nous sommes là en matière ultra-scientifique.

Ce qui les distingue, c'est que Jupiter semble avoir quelque supériorité sur Jésus. Par exemple, il vient à bout de ses ennemis; les révoltés sont écrasés par lui sous le poids des montagnes qu'ils avaient entassées pour escalader le ciel; Prométhée est puni d'un supplice sans fin, en proie à un vautour qui ronge son foie sans cesse renaissant. Tandis que c'est Jésus lui-même qui est transporté par Satan sur la montagne, tenté par lui, et même, dit-on, presque ébranlé dans ses résolutions.

Et, pourtant, il nous est enseigné que Jésus est, en quelque façon, Dieu même, puisqu'il est la deuxième personne de cette *Trinité* impossible à comprendre, mais d'autant plus respectable pour cela, en vertu de l'axiome généralement admis disant que les hommes sont prédisposés à croire le plus volontiers ce qu'ils ne comprennent pas. Du moins faut-il dire que Jésus est un fils plus respectueux de son père que Jupiter, qui s'était assez mal conduit avec le sien.

.*.

En face de ces complications, les religions des Orientaux semblent avoir été un progrès. On croirait que Dieu a voulu les traiter mieux à cet égard que les Occidentaux. Peut-être s'est-il tout simplement aperçu qu'il avait d'abord fait fausse route, en croyant les hommes plus intelligents qu'ils ne le sont en réalité. Le vrai est qu'aux bouddhistes et aux musulmans, au lieu de leur poser ce problème insoluble de son propre supplice dans la personne de son fils, distincte de lui et cependant consubstantielle à lui, il a tout simplement envoyé des prophètes de nature absolument identique à la leur, chargés de leur démontrer son existence par le raisonnement — et par quelques miracles aussi, car il savait bien que l'esprit de l'homme est faible et aime le surnaturel.

C'est sans doute pour cela que Bouddha et Mahomet ont converti, et convertissent encore tous les jours plus d'infidèles que Jésus.

Mais il naît encore dans l'esprit un motif de doute à propos de la comparaison entre Jupiter et Jésus. On ne peut nier que c'est seulement

Jupiter, c'est-à-dire le fils de Saturne, qui a eu à combattre les révoltés de son temps, tandis que c'est Dieu lui-même qui a eu à se défendre contre Satan. Et, ce qu'il y a de pire, c'est que, au lieu de le réduire à l'impuissance absolue, comme l'autre a bien su le faire de son adversaire, non seulement il a laissé vivre Satan, mais encore il lui a donné le pouvoir de lui disputer l'âme des hommes, et même hélas ! de les entraîner souvent avec lui pour subir les atroces supplices de l'enfer.

Il est vrai qu'un jour de justice et de délivrance doit venir, où la femme, sous la figure de la Sainte-Vierge, doit écraser sous son pied le démon, représenté par le serpent qui a tenté Eve dans le Paradis. Mais il tarde bien à venir, et même il est difficile de prévoir son avènement, ce jour béni où nos arrière-neveux seront affranchis enfin de cette terrible crainte qui fait encore aujourd'hui trembler tant de bonnes femmes, et détourne en faveur de l'Eglise tant de richesses qui pourraient, mieux employées, contribuer au progrès de la société humaine.

.*.

Et à ce propos, une remarque s'impose : si l'invraisemblance provoque le scepticisme, les contradictions que l'on trouve dans une doctrine le font naître non moins sûrement. Or, au sujet de la femme, on peut dire que le catholicisme fourmille de contradictions. C'est une femme qui nous a fait perdre le Paradis, mais c'est une femme qui nous délivrera des embûches de Satan, et c'en est une autre — ou peut-être la même, car les textes sont obscurs — qui a donné naissance miraculeusement à notre Sauveur. Si l'Eglise du moyen-âge, et même de plus tard encore comme le prouvent les instructions secrètes des Jésuites, considérait la femme comme la pierre d'achoppement de l'homme dans la voie du salut ; si certains pères de l'Eglise ont poussé le dédain de la femme jusqu'à se demander si elle avait une âme ; on voit au contraire les prêtres d'aujourd'hui rechercher le suffrage des femmes, multiplier les formes d'idolâtrie de la Vierge, donnant ainsi une orientation inattendue à la dévotion de leurs disciples.

Encore n'est-ce pas la seule contradiction dont on pourrait à bon droit s'étonner. L'Eglise semble faire un choix irraisonné entre les femmes qui se sont distinguées par leur piété : Elle décore de l'auréole une Thérèse qui a consumé sa vie inutile dans l'oraison et l'extase ; elle hésite à mettre sur le même rang l'héroïne dont les vertus et le courage ont sauvé son pays des pires désastres. On pourrait peut-être se demander si c'est parce qu'il est facile de persuader et de conduire les imitatrices de Thérèse, tandis que très probablement les émules de Jeanne d'Arc ne seraient pas aussi commodes à brider.

.′.

Il y a une religion qui est essentiellement basée sur la conception, accessoire dans la religion catholique, du triomphe définitif du Bien sur le Mal. C'est celle des Parsis. Elle reconnaît (toujours sous la toute-puissance d'un Créateur unique assez vaguement défini) deux Génies, celui du Bien et celui du Mal, Ormuzd et Ahriman, qui président à tous les événements de ce monde, et s'y disputent l'influence. Mais il est universellement admis que, dans un délai malheureusement indéterminé, Ormuzd aura raison d'Ahriman et que le bonheur parfait régnera ici-bas.

C'est très humain, et accessible à toutes les intelligences : car partout, à toute heure, sous toutes les latitudes, les hommes s'accordent à trouver qu'ils ne sont pas parfaitement heureux, et se plaisent à endormir leurs regrets dans l'espérance que cet état de choses finira par s'améliorer, soit par leur propre bonheur dans le Paradis, soit — ce qui semble une conception plus large, plus généreuse, et peut-être plus sûre — par l'amélioration successive des conditions d'existence de tous.

Si nous étions bien convaincus de cette seconde hypothèse, et que nous arrivions par conséquent à comprendre que le mal dont nous souffrons vient de nous-mêmes, c'est-à-dire de la mauvaise organisation que nous avons donnée à la société où nous vivons, chacun alors se sentirait, non seulement intéressé à son amélioration, mais encore capable d'y contribuer par son propre effort, par son perfectionnement personnel. Il suffirait pour cela de répandre plus largement l'instruction qui nous mettrait à même de voir que le présent est déjà supérieur au passé, par quels moyens cette supériorité a pu se réaliser, et ce qu'il nous faudrait faire pour en accélérer la marche.

Non seulement cela vaudrait mieux pour la masse des hommes qu'une religion quelconque, à laquelle précisément l'instruction croissante ne peut qu'enlever chaque jour quelques adeptes de plus ; mais encore on peut dire que toutes les religions entravent cette amélioration de la société, en détournant les idées et les aspirations de chacun vers un avenir posthume meilleur pour l'individu, ou en lui inspirant une résignation fataliste qui l'endort dans une impuissance et un abandon de soi-même destructeurs de toute énergie.

En effet, il ne faut pas oublier que le nombre des hommes qui, dans leurs rêveries mystiques, s'attachent à la conquête de leur bonheur individuel est plus considérable que le nombre de ceux qui entrevoient un avenir meilleur pour l'humanité tout entière. Les chrétiens et les bouddhistes, adeptes des deux religions qui semblent les plus répandues, sont dans le premier cas. On ne pourrait guère compter que les Parsis dans le second ; et encore faudrait-il ajouter que, faute d'instruction, ce sentiment n'existe probablement chez eux qu'à l'état confus et inconscient.

***

Arrêtons-nous, car nous nous hasardons là dans l'affirmation, et nous n'avons en réalité d'autre but que d'exposer nos raisons de douter de tout ce que les hommes acceptent aveuglément et sans contrôle. Pourtant nous ne pouvons pas abandonner cet examen critique des religions, sans faire remarquer que leur base, comme celle du spiritualisme qui leur ressemble au point de vue dogmatique, est ce qu'on appelle *l'altruisme*, et que cette conception idéale saurait à peine convenir à une élite, aux hommes déjà améliorés, aux hommes de l'avenir peut-être, si toutefois on peut supposer que l'avenir nous réserve un état de perfection. Combien au contraire nous paraît plus vraie, plus susceptible d'améliorer la société humaine, et par conséquent plus utile à enseigner et à propager, cette modeste philosophie pratique qui est fondée sur l'axiome suivant : « L'altruisme n'est qu'un égoïsme raisonné ». (1)

XI. — LES MIRACLES.

Presque toutes les religions semblent s'être donné le mot pour faire intervenir les miracles dans leur fondation ou dans l'intérêt de leur propagation. Celle qui s'est le plus distinguée dans ce système, c'est la religion catholique. Il est vrai qu'on trouve déjà une certaine quantité de miracles en faveur de celle qu'elle aspirait à remplacer. Cette analogie prouve à quel point

---

(1) V. *Morale et Religion*, Paris, Fischbacher.

les fondateurs de religion comptaient sur la crédulité de la race humaine.

C'est ainsi que l'on a vu le miracle, et sous une forme presque identique, intervenir en faveur de deux religions très différentes, dans le cas de Léda et de Marie. On pourrait dire que la seule différence, au moins dans le fait matériel, c'est que les Grecs ont cru devoir avoir recours à un cygne plutôt qu'à un pigeon, à un gros oiseau plutôt qu'à un petit, ce qui permettrait presque de mettre moins réellement en doute le fait de la conception. Ils se sont montrés plus pratiques, mais moins délicats peut-être.

Et même l'intervention du pigeon était-elle bien nécessaire ? Le miracle n'eût-il pas encore été plus incontestable sans cette intervention ? Dieu a bien su arrêter le soleil dans sa course, quand cela lui a paru opportun, par un simple effet de sa volonté, sans envoyer au devant de lui un albatros ou un condor. Sans compter que cela pourrait donner lieu à une confusion dans l'esprit des fidèles, puisque le pigeon est la forme préférée qu'adopte le Saint-Esprit quand il veut se manifester ici-bas, et que Jésus, à ce compte, aurait pu être appelé le fils du Saint-Esprit plutôt que le Fils de Dieu.

De plus, à ce sujet, on pourrait se demander

si la Vierge peut à bon droit être proclamée immaculée. Même après la conception, comme miracle, c'est admissible..... Mais après la parturition ? Elle a dû alors subir le sort commun de toutes les femmes qui ne passent généralement pas pour immaculées dès qu'elles ont mis au monde un enfant.

．＊．

Que de doutes l'examen de ces origines du catholicisme inspire ! Comment ne pas remarquer que Dieu avait favorisé les israélistes bien plus que les chrétiens ? On le voit, quand il s'agit de donner une religion aux premiers, se manifester en personne à Moïse sur le mont Sinaï, donnant ainsi un caractère incontestable à ses enseignements. Pour les seconds au contraire, il entoure les origines de leur religion de mystères qui demandent des explications difficiles, ou une croyance aveugle. Ce qui nous laisse, remarquons-le, plus exposés que les autres aux pièges et aux embûches de Satan. Quoique Satan n'eût aucune raison pour ne pas tenter les juifs, nation élue de Dieu, aussi bien que les chrétiens. Et les juifs y étaient aussi exposés que nous, puisque Satan existait déjà de leur temps, ainsi qu'ils nous l'ont appris eux-mêmes, en nous racontant que, dans le Paradis terrestre, c'était lui qui avait réussi à suggérer à notre aïeule la désobéissance fatale.

La religion catholique, basée sur le miracle, a sans doute cru les miracles nécessaires pour la confirmer, puisqu'elle en opère encore de nos jours. On peut même dire qu'il s'en manifeste une recrudescence au fur et à mesure que la foi semble diminuer, et qu'elle compte particulièrement sur eux pour la raffermir.

.*.

Sans parler des faits qui ont semblé miraculeux à l'ignorance de nos pères, et que la science explique aujourd'hui, par exemple par l'hypnotisme et la suggestion, les esprits éclairés mettent généralement en doute les miracles qui paraissent contrarier les lois naturelles les plus connues. En tout cas on les contrôle et on les discute. Si l'intercession d'une Notre-Dame de Lourdes — ou de toute autre, car la superstition en reconnaît plusieurs — vous guérit d'une maladie, même en admettant que cette intervention ne fût pas nécessaire, on peut dire que Dieu qui a eu le pouvoir de vous envoyer cette maladie a celui de vous l'enlever. Mais si votre jambe est trop courte, et que vous ayez passé l'âge de la croissance, d'aucuns trouvent qu'elle ne pourrait s'allonger que par un dérangement de l'ordre qu'ils croient immuable du développement de votre corps. De même, arrêter le soleil, — quand on croyait qu'il tournait autour de la terre — cela leur paraît maintenant une dérogation par trop forte à des lois qu'on a pris l'habitude de supposer indispensables à la marche normale de l'Univers.

Aujourd'hui, en effet, on peut constater que le miracle opéré en faveur de Josué aurait eu pour résultat, non seulement d'augmenter la durée du jour en Judée, mais encore de prolonger la nuit en Amérique. Il nous répugne de croire que Dieu, après avoir imaginé un ordre déterminé des choses, s'aperçoive tout à coup qu'il y aurait quelque avantage à le modifier. Il nous apparaîtrait plus grand si, d'avance, il avait tout prévu, tout disposé pour une évolution régulière qui n'exigeât désormais aucune intervention de sa part. De plus, on est amené à se dire que, s'il a pu se tromper dans sa première conception des choses, il n'y a pas de raison pour qu'il ne se trompe pas encore dans leur modification.

. *.

Seulement nous risquons alors de tomber dans le *Déterminisme*. Encore un de ces traquenards dont la métaphysique est hérissée ! Si tout est déterminé dans l'Univers, il y a apparence que nos pensées et nos actions sont déterminées aussi ; et alors il est impossible d'admettre que nous soyons responsables. Pour que nous soyons responsables, il est certain qu'il faut que nous jouissions de notre libre-arbitre. Du reste il le faut bien, si nous sommes pourvus d'une âme immortelle — éternelle même, nous l'avons vu — émanée de Dieu et participant, au moins partiellement, à ses facultés supérieures.

Et encore, dans ce cas, il y a une nouvelle contradiction qui apparait, augmentant la confusion de notre esprit : L'homme, paraît-il, n'est responsable qu'à partir d'un certain âge ; l'enfant ne l'est pas. Le vieillard l'est-il encore quand il retombe en enfance ? Notre âme serait donc susceptible d'évolution, de développement, comme et en même temps que notre corps. Si elle grandit, si elle se perfectionne, la logique semble vouloir qu'elle ait été créée. Si elle a été créée elle périra, puisque tout ce qui a eu un commencement parait devoir avoir une fin. Alors elle n'est pas immortelle. Qu'est-elle ? Nous n'y comprenons plus rien !

Cependant ces miracles dans lesquels Dieu a l'air de se mettre en contradiction avec lui-même sont assez rares. De nos jours, l'esprit plus pratique peut-être des populations semble préférer les petits miracles individuels, sporadiques, qui profitent à quelqu'un en particulier, la guérison d'une maladie ou d'une infirmité, l'obtention d'une bonne place ou d'un héritage. Et il faut reconnaître que Dieu, probablement dans l'intérêt de son Eglise, se prête obligeamment à ces calculs.

Par exemple il faut mériter un miracle; et c'est bien naturel. Il est seulement regrettable que presque toujours on les obtienne, non en récompense d'une bonne action, d'une conduite vertueuse, mais tout simplement à prix d'argent. Pourtant on aimerait à voir Notre-Dame de Lourdes qui guérit toutes les maladies, et Saint-Antoine de Padoue qui fait réussir les potaches aux examens ou retrouver aux étourdis les parapluies qu'ils ont perdus, n'accorder ces grâces qu'à ceux qui se conduisent le mieux, au lieu de les attribuer indistinctement à toutes les personnes qui glissent de grosses sommes dans les troncs des Eglises.

Cela prend absolument la tournure d'une injustice, si l'on se dit que, en plus de la misère qui déflore son existence, le pauvre se voit encore priver de cette compensation des miracles, qui pourraient précisément améliorer son sort. Mais, d'un autre côté, cela le place sous la dépendance des riches qui peuvent lui payer les frais d'un pèlerinage. Et il faut reconnaître que ce n'est pas sans importance au point de vue électoral.

On peut dire aussi que, au moins en ce qui concerne les maladies, il y a des médecins qui opèrent de vrais miracles. Et, si l'on objecte qu'ils se font payer pour cela, et même payer parfois assez cher, on peut répondre qu'il leur a fallu beaucoup de temps et d'argent pour acquérir leur science, tandis que Dieu, qui a la science infuse, c'est-à-dire obtenue sans étude et sans effort, pourrait bien nous en distribuer les effets gratuitement.

Ce qui, accessoirement, conduit à se demander si c'est Dieu qui exploite les hommes, ou si ce n'est pas tout simplement l'Eglise qui se sert du nom de Dieu pour mettre en coupe réglée leur crédulité.

Il semble bien que la réponse n'est pas douteuse.

XII. — L'ENFER ET LE PARADIS

Il est une légende, une tradition, on peut bien dire un dogme, qui contribue pour une bonne part à faire croire à ce dessein formé par l'Eglise d'exploiter la faiblesse d'esprit des hommes ; c'est l'invention de l'Enfer et du Paradis. Si le doute le plus absolu sur leur réalité résulte victorieusement d'un examen sérieux et raisonné de cette conception, il n'en reste pas moins que les bonnes femmes se laissent aisément persuader de son existence, que la plupart des hommes insuffisamment instruits restent, à cet égard, dans l'incertitude prudente dont a parlé Pascal, et que des théologiens, ou imprudents ou intéressés, font pénétrer cette croyance dans le cerveau sans défense des enfants.

** *

La première difficulté qui se présente, c'est celle de déterminer leur emplacement. L'idée générale, quoique très confuse, c'est que le Paradis se trouve quelque part *en haut,* tandis que l'Enfer serait *en bas;* les langues mortes ont même pour désigner l'Enfer des mots qui ont la signification d'inférieur ou de souterrain. Or, si l'espace est infini et illimité, cela implique qu'il n'a ni haut ni bas. Les âmes condamnées iront peut-être simplement dans quelque astre, comme le soleil par exemple qui, par la chaleur intense qui doit y régner, répondrait assez à l'idée qu'on cherche à nous inculquer des flammes éternelles destinées à nous punir. Cependant, pour bien nous convaincre, il n'y aurait pas eu de mal à préciser.

D'ailleurs il y a une objection. Si le soleil a été créé, il ne saurait être éternel. Déjà des astronomes croient pouvoir affirmer qu'il se refroidit, de même que la terre et les planètes, aujourd'hui refroidies, auraient été de petits soleils, ou des morceaux séparés du soleil incandescent. Alors les âmes devront subir une nouvelle migration quand le soleil sera refroidi. D'autre part, si grand que soit le soleil, sa surface ne pourra pas suffire éternellement à donner place à tous les réprouvés, vu le nombre toujours croissant des incrédules. Surtout s'il faut y ajouter, comme cela a été affirmé, ceux qui depuis le commencement du monde ont ignoré ou méconnu la seule vraie religion. S'il ne s'agissait que des âmes immatérielles, on comprendrait qu'elles ne tinssent pas grande place ; mais il faut se rappeler que nous ressusciterons avec notre corps, sans doute pour mieux souffrir.

On ne peut néanmoins s'empêcher de s'étonner de ce que ceux qui, nés avant l'ère chrétienne, n'ont pas eu connaissance de la révélation seront également punis. Mais en tout cas il semble qu'une exception devrait être faite en faveur des peuplades chez qui les missionnaires n'ont pas eu encore la possibilité matérielle de porter leur enseignement. Et encore, est-ce un mauvais service que Jésus a rendu à l'humanité en venant lui faire connaître, sans le lui imposer invinciblement par des preuves suffisantes, un dogme qui l'expose à cette alternative cruelle de punition ou de récompense éternelles, à laquelle nos plus anciens ancêtres n'auraient pas été soumis.

*_*_*

Maintenant le froid et le chaud, dont le second au moins doit constituer l'essence du supplice, ne sont que des sensations toutes relatives. Nous ne pouvons pas savoir si la température excessive qui nous effraie à bon droit ne serait pas favorable, nécessaire même, à la vie d'organismes autres que le nôtre ; et il en est de même du froid, ainsi que l'on appelle l'absence de chaleur. D'un autre côté, il ne faut pas oublier ce que nous avons rappelé ci-dessus, c'est que l'Église enseigne que les âmes seules ne seront pas soumises à la punition ou à la récompense. Et cela s'impose à la raison, surtout si la punition consiste à être plongée dans une fournaise ardente ; car l'âme, étant immatérielle, ne doit pas pouvoir être impressionnée par des sensations matérielles de chaud ou de froid. Aussi l'homme devra-t-il ressusciter avec son corps, afin d'être plus sûrement accessible à ces sensations.

C'est bien cela qui peut compter pour un miracle ! Comment pourront se rassembler, pour reformer ce corps que constitua leur agglomération, toutes les molécules dispersées et transformées après notre mort, qui auront dû s'agglomérer à nouveau pour constituer différents autres corps, végétaux peut-être ou animaux, grâce à l'évolution incessante de la vie éternelle qui reforme, des débris de chaque organisme, de nouveaux organismes sans cesse renaissants : les bactéries qui servent de nourriture à des êtres moins petits qu'elles, ceux-ci qui alimentent les insectes et les plantes, les plantes dont vivent les animaux herbivores, et ainsi de suite à l'infini ?

Et, difficulté plus grande encore, qu'arrivera-t-il des hommes qui auront été volontairement ou non réduits en cendres, par exemple selon une coutume autrefois très répandue et qui paraît vouloir renaître ? Si Dieu qui est tout puissant n'a pas trouvé quelque moyen de parer à cet inconvénient, il y aurait possibilité d'échapper, par la crémation, à la résurrection de son corps et à ses conséquences redoutables.

.*.

Au surplus, en examinant dans le détail cette doctrine si angoissante pour ceux qui l'admettent sans réflexion, il est impossible de ne pas se laisser aller au scepticisme. L'enfer est vraiment une conception boiteuse et indigne de toute foi, autre qu'aveugle. Quelle improportionnalité y existe entre les délits et les peines ! La justice humaine, si imparfaite qu'elle soit, établit au moins des degrés dans la culpabilité et la répression ; elle inflige l'amende, la prison, le bagne, et enfin la mort, suivant la gravité des cas. Le catholicisme ne connait que l'enfer pour tous les coupables indistinctement ;

même pour avoir négligé les pratiques religieuses, l'Eglise vous condamne éternellement aux chaudières bouillantes. Avec cette différence pourtant, qu'elle a des indulgences maternelles pour l'usurpateur qui aura réussi dans son entreprise homicide, surtout s'il se montre indulgent à son tour pour les usurpations cléricales.

Pourtant, il faut reconnaître que certains esprits plus clairvoyants, même dans l'Eglise, avouent dans l'intimité qu'il ne faut pas trop prendre cet enseignement à la lettre, et qu'il a un sens mystique auquel seul on doit s'attacher. Mais quoi ? un autre n'en dira-t-il pas autant de quelque autre dogme ? Et n'est-ce pas la porte ouverte au doute universel ?

*
* *

C'est peut-être dans le même sentiment, et par la peur de mal convaincre à force d'effrayer, que l'Église catholique a inventé le terme moyen du Purgatoire dont il n'est nullement question dans son enseignement primitif. Seulement elle y a, de plus, trouvé un nouveau moyen de domination et d'enrichissement. Par une bizarrerie singulière, on peut sortir du Purgatoire, non par ses propres mérites, mais par les mérites d'autrui. Le séjour des âmes dans le Purgatoire peut être abrégé par des prières et des messes payées par les parents ou les héritiers du défunt. Par malheur si nos enfants sont incrédules ou négligents, notre peine peut être indéfiniment prolongée. Ce qui même doit arriver le plus souvent, puisqu'il y a des livres saints qui affirment qu'on est puni de ses fautes jusque dans ses descendants ; ce qui implique que, mécréants eux-mêmes, ou dépourvus de toute ressource, ils n'auront ni les moyens ni la volonté de s'occuper de nous.

.*.

Enfin l'Église catholique a-t-elle toujours pensé de même ? On pourrait en toute sincérité en douter un peu, puisque quelques-uns de ses plus illustres docteurs ont soutenu la Doctrine de la Prédestination qui, poussée à l'extrême, ne concorderait guère avec la culpabilité et la juste punition du pécheur. Si l'on est prédestiné d'avance à faillir, on ne peut pourtant pas être responsable d'avoir failli.

Il est certain que chacun de nous apporte en naissant des aptitudes qui peuvent être ou criminelles ou vicieuses. Les prêtres même, en tant qu'hommes, sont soumis à ces influences naturelles, et parfois y succombent malgré le sacrement dont ils sont revêtus, et dont il semble que la vertu divine devrait les soustraire à ces forces extérieures à l'âme. Et cependant, non seulement ils défaillent, mais encore ils conservent le privilège de juger les autres, de les condamner ou de les absoudre.

C'est une flagrante contradiction avec le libre arbitre, enseigné d'autre part par la même Église, et sur lequel devrait être basée la Doctrine du Jugement dernier. Notre volonté apparaît bien affaiblie en présence de nos aptitudes naturelles, et, si nous n'arrivons pas à les vaincre, si surtout nous sommes prédestinés à ne pouvoir les vaincre, nous devrions être indemnes de toute punition ou indignes de toute récompense.

*
* *

Même en admettant le libre arbitre, et en repoussant le système de la prédestination, on ne peut nier l'influence des aptitudes natives et héréditaires qui, au moins dans une certaine mesure et malgré nos bonnes résolutions, influent sur nos actes et nos pensées. Et alors, reprenant une observation déjà faite, constatons que nous sommes parfois victimes d'une effroyable injustice. En effet, on ne nous enseigne pas qu'il y ait des degrés dans la culpabilité. Il y a de certains *péchés mortels* pour lesquels on devra toujours être puni avec la même rigueur, quelles que soient les circonstances atténuantes que nous puissions faire valoir en notre faveur.

Ainsi il semble, en bonne logique, que celui d'entre nous que les forces naturelles ou héréditaires prédisposent au meurtre, au vol, à la fornication, a bien plus de mérite s'il est parvenu par l'effort de sa volonté à résister à ces impulsions une fois sur deux seulement, que celui qui n'aura jamais commis une de ces infractions faute d'en avoir même éprouvé le désir. Mais, encore une fois, s'il était écrit d'avance qu'il résisterait ou qu'il ne résisterait pas, son mérite ou son démérite ne peuvent plus entrer en jeu.

On ne nous a jamais dit qu'il y aura chez le Juge suprême une prise en considération des influences naturelles et des luttes de la volonté. On ne nous a jamais dit si la mauvaise éducation, les mauvais exemples, le manque de tout enseignement comme dans les sociétés sauvages, devaient influer sur sa décision. Alors il nous faut bien reconnaître que nous aurions besoin d'être mieux éclairés sur ces graves questions, et que l'homme qui essaie de les résoudre est bien excusable de ressentir un doute profond à leur égard.

Peut-être que la Religion, comme la science, a besoin du temps pour se perfectionner, et pour arriver peu à peu à nous imposer la foi.

XIII. — L'AGE D'OR

Parmi les emprunts faits par la religion moderne aux anciennes religions, il y en a un qui, dans l'une et dans les autres, semble participer plutôt de l'imagination que de la réalité, et qui pourtant, chez les catholiques, sert de base à la conception générale du dogme, c'est-à-dire à la faute et à la rédemption. Soit sur l'âge d'or, soit sur le Paradis terrestre, il existe des légendes qui tendraient à nous faire croire que la race humaine a commencé par vivre dans un bonheur complet basé surtout sur son ignorance du mal et sur son innocence. Le raisonnement et la réflexion, par malheur, conduisent à douter de cette hypothèse séduisante. Si même elle est séduisante, puisqu'elle tendrait à nous inspirer le regret de cet état si satisfaisant, ou le désespoir cuisant de l'avoir perdu par la faute de nos premiers parents.

Mais, en réalité, il n'y a probablement lieu ni à regrets ni à désespoir. A l'aide des lumières que les traditions, la psychologie et l'ethnographie nous donnent, il semble au contraire évident que, plus on remonte dans la chaîne des générations, plus on voit la race humaine s'améliorant à tous les points de vue. On peut sans invraisemblance émettre cet axiome, opposé à la conception d'un âge d'or, que plus l'homme est ignorant et moins il est innocent. Admettre le contraire, ce serait nier la notion du progrès continu de la société au point de vue de la science, de l'industrie, de la politique et de la moralité.

.·.

La religion païenne à laquelle se rattache la conception de l'âge d'or a eu probablement, sous diverses formes, autant d'adhérents que le catholicisme ; mais elle ne se l'est pas faite propre au point que nous puissions la considérer comme absolument religieuse d'origine. Il n'en est peut-être pas tout à fait de même de la conception du Paradis terrestre ; celle-ci nous est formellement enseignée par ceux qui propagent, qui défendent, qui interprètent à titre d'infaillibles la religion catholique.

Ils ne s'aperçoivent pas qu'elle est incompatible avec l'idée qu'ils s'efforcent de nous inculquer de la bonté et de la justice, attributs essentiels de leur Dieu. On ne saurait comprendre par suite de quel cruel caprice il aurait créé l'homme pour le bonheur, l'aurait placé dans une condition si enviable, et se serait décidé tout d'un coup à le vouer, non seulement à la vie physique, restreinte et misérable, qu'il subit depuis ce temps, mais encore aux luttes pénibles auxquelles il est assujetti pour regagner — et combien peu y arrivent ! — le Paradis qu'il a perdu.

On sait que *les desseins de Dieu sont impénétrables*; mais l'homme est bien excusable de chercher à les pénétrer quand il s'agit de son malheur ou de son bonheur dans l'éternité; et les prêtres ont bien tort de ne pas l'y aider un peu, au lieu d'étouffer la curiosité dont Dieu, qui est notre créateur, a mis le germe dans nos esprits. En somme, et qu risque du salut de notre âme, on comprend qu'un peu de doute nous envahisse; le raisonnement viendrait peut-être à bout de nous convaincre, mais l'autorité y est impuissante.

* *

Ce qui prouverait bien que ce n'est qu'une légende, c'est le récit enfantin et naïf de l'apparition du mal sur la terre, bien conforme à l'état d'infériorité dans lequel se trouvait alors l'intelligence des hommes. Tantôt tous les maux se répandent sur la terre à l'ouverture de la fatale boîte de Pandore, où la prévoyance divine les avait enfermés. Tantôt, la connaissance du bien et du mal est communiquée à Adam et Eve par la consommation imprudente d'une pomme, partagée entre les deux époux. Ou plutôt entre les deux compagnons, car, ne connaissant ni le bien ni le mal, ils devaient ignorer les rapports sexuels, rapports que la religion considère encore aujourd'hui comme un mal nécessaire, et dont les prêtres, qui sont comme on sait supérieurs à leurs semblables, sont obligés de s'abstenir complètement.

Et, à ce propos, une autre réflexion s'impose. On comprend que, ne devant pas avoir d'enfant, Adam et Eve fussent immortels, puisque, s'ils avaient été soumis à la mort, n'ayant pas laissé d'héritiers, le Paradis serait devenu désert, et Dieu aurait été obligé de recommencer la création. Mais il ne faut pas oublier, comme nous l'avons déjà dit maintes fois, qu'immortels ils eussent dû être éternels aussi, et par conséquent non créés, égaux à Dieu. Du reste, le paganisme et le christianisme tombent à peu près dans les mêmes inconséquences, puisque dans l'une de ces deux religions on voit des mortels qui deviennent immortels, et, dans l'autre, des immortels qui deviennent mortels.

.*.

Encore une question qui aurait besoin d'être élucidée: Dans l'état d'innocence, nos premiers parents ne devaient pas être pourvus d'une âme, puisqu'elle ne leur aurait servi à rien. A quoi peut servir une âme à un être qui ne connaît pas le mal, et qui n'a à faire aucun effort pour ne pas le commettre? N'est-ce pas par notre âme que nous avons la notion du bien et du mal, et non par notre corps qui, lui, ne ressent que le bien-être ou la douleur? Peut-être l'âme était-elle chez eux à l'état latent, Dieu la leur ayant donnée pour le cas où ils en auraient eu besoin. Car il devait savoir à l'avance qu'ils n'auraient pas l'esprit de persévérer dans leur bienheureuse ignorance. Alors on ne peut décidément s'empêcher de se demander pourquoi il avait jugé à propos de les faire passer par cette phase heureuse dont leurs descendants ne manqueraient pas de conserver éternellement le regret.

Car enfin Dieu a été bien sévère. Certes, la curiosité est un péché, et la gourmandise également. Mais l'un des deux n'est qu'un péché véniel. Il est probable que, pour manger la pomme, Eve a cédé plutôt à la curiosité qu'à la gourmandise, au péché véniel plutôt qu'au péché mortel ; elle ne devait pas avoir faim, dans un lieu où la nourriture était si abondante et si facile à se procurer. Ce serait donc pour ce futile motif que toute la race humaine aurait été soumise à la mort et à la souffrance depuis tant de siècles. On a véritablement le droit de trouver que c'est un peu excessif. Il est vrai qu'Eve était en plus coupable de désobéissance, puisque l'arbre du bien et du mal lui avait été formellement interdit ; mais par qui avait-elle été dotée de cet esprit de contradiction que l'on prétend retrouver chez ses descendantes ?

.•.

Le scepticisme est vraiment bien naturel quand on scrute tous les détails de cette légende. Comment faut-il interpréter cette phrase: *Dieu créa l'homme à son image?* Les artistes et les bonnes gens à leur suite, — à moins que ce ne soient les bonnes gens qui aient commencé, — en ont conclu que, puisque l'homme avait été créé à l'image de Dieu, on ne pouvait se représenter Dieu que semblable à l'homme, c'est-à-dire sous la même forme corporelle, avec naturellement une grande barbe blanche, et revêtu d'une robe bleue — bleu de ciel bien entendu.

Cependant, il n'est pas bien sûr que ce soit là ce que l'auteur du Livre Saint a voulu dire. Dieu a créé l'homme à son image, c'est-à-dire immortel comme lui, et sans sexe puisqu'il n'était pas destiné à se reproduire ; innocent comme lui également. Par exemple pas éternel puisqu'il avait été créé ; ce qui est une contradiction, nous croyons l'avoir déjà démontré. Mais passons ! nous n'en sommes pas à une invraisemblance de plus ou de moins.

Les Israélites l'ont entendu différemment. Abusant de la ressemblance qui doit exister entre Dieu et la créature façonnée à son image, ils se sont imaginé un Dieu absolument semblable à eux-mêmes, colère, jaloux, sanguinaire comme eux. C'est à cette conception fausse qu'ils s'étaient faite de Dieu que le fondateur de la religion chrétienne voulait substituer sa propre conception, qu'il savait plus exacte puisqu'il était Dieu lui-même. Et alors on comprend pourquoi il a été si cruellement persécuté.

On pourrait même présumer qu'il serait encore persécuté aujourd'hui, s'il lui prenait la fantaisie de recommencer en notre faveur son

7

incarnation. Au premier abord, il semble que, en considération des progrès accomplis depuis ce temps dans les idées et dans les mœurs, il serait mieux compris par nous que par les Hébreux. Mais la vérité est que, de même qu'il anathématisait alors les prêtres de Jérusalem, il ne pourrait par manquer d'anathématiser les prêtres de Rome qui interprètent et qui pratiquent si mal sa doctrine. Or, on sait comment l'Eglise a, de tout temps, traité ses adversaires!

.˙.

Quoi qu'il en soit, il apparaît comme plus probable que l'homme, au lieu d'avoir été créé à l'image de Dieu, cherche tous les jours à se rapprocher de lui et à lui ressembler davantage; non au point de vue physique, puisque Dieu est immatériel, mais au point de vue moral. Dieu est toute vérité, toute justice, toute mansuétude; or il est bien certain que plus l'homme est rapproché de son état primitif plus il ignore ou méconnaît ces vertus. Ni les sauvages, ni nos ancêtres du moyen-âge ne nous apparaissent comme en faisant grand cas. C'est au contraire à mesure qu'il s'instruit que l'homme se moralise, et devient plus apte à concevoir un Dieu pourvu de ces qualités, ainsi qu'à chercher à se les approprier.

Aussi faut-il reconnaître que, en semblable matière, le doute est fâcheux, en ce sens qu'il retarde notre amélioration. Il est donc regrettable, quand une doctrine se prétend absolue, inspirée par Dieu même, qu'elle n'offre pas un ensemble complet et irréfutable, et non sujet au doute sur quelque point que ce soit. L'Eglise le comprend, et c'est pour cela qu'elle impose ses dogmes avec défense de les discuter. En effet, si un détail seulement échappe à notre croyance, nous ne tardons pas à être entraînés à discuter le reste. Car nous nous disons forcément que, si elle a pu se tromper sur un point, rien ne nous prouve qu'elle ne se trompe pas aussi sur les autres.

XIV. — LES LIVRES SAINTS

Cette histoire du Paradis terrestre ne devrait pas prêter au doute, puisqu'on la trouve tout au long en tête des Livres saints, puisque ces livres ont été déclarés saints par toutes les sectes chrétiennes, et notamment par la secte catholique qui s'est proclamée infaillible, au moins dans la personne de son chef. Mais ces livres, en grande partie consacrés à l'histoire du peuple juif, contiennent tant d'invraisemblances et de contradictions que le scepticisme a vraiment beau jeu à leur endroit.

La Bible par exemple, peut-être après tout mal traduite ou mal interprétée, nous offre le récit d'événements qui ne sont guère explicables que par l'ignorance et l'immoralité de l'homme dans les temps reculés dont elle retrace l'histoire. On y voit racontés et approuvés des massacres et des exécutions en masse qui sont certainement incompatibles, non seulement avec nos mœurs et nos idées d'aujourd'hui, mais encore avec l'idée que nous nous faisons ou que l'on essaie de nous inculquer de la bonté souveraine.

On pourrait croire que l'auteur du Pentateuque a cherché à décharger les conducteurs du peuple hébreu de la responsabilité qu'ils auraient assumée devant la postérité, si leurs actions cruelles ne leur avaient pas été inspirées, commandées même par Dieu. On ne pense plus ainsi de nos jours. Il n'est pas probable que les historiens présents ou futurs imaginent un biais pareil pour excuser le coup d'État de Napoléon III et les massacres du boulevard Poissonnière.

En outre, on doit forcément déduire de ces récits que l'auteur n'avait pas la même foi que nos prêtres dans l'immortalité de l'âme, dans l'enfer et le paradis. Sans quoi Dieu, dont il invoque l'intervention directe et continue, n'eût pas ordonné les massacres en question. On laisse au moins le temps de réfléchir, de se repentir et de s'amender aux gens, au lieu de les exposer par une mort subite à des supplices éternels auxquels ils n'ont pas dû échapper, puisqu'ils étaient en état de péché par leur désobéissance aux volontés de Dieu.

*
* *

Et, à ce propos, il vient aussitôt au sceptique une réflexion nouvelle : Pourquoi Dieu tout puissant, à qui les miracles coûtent si peu, s'est-il contenté de susciter un seul Moïse sur le mont Sinaï ? Il aurait pu en faire naître un dans chaque partie du monde, et entrer également en communication directe avec lui sur l'Himalaya, sur les Monts de la Lune, sur la Cordillière, etc., etc. Combien alors la doctrine du salut se fût plus rapidement répandue sur la Terre !

Il aurait de la sorte évité aux hommes les erreurs fatales dans lesquelles ils sont tombés, sous l'inspiration de Satan à ce qu'on nous dit : le paganisme, le mahométisme, le luthérianisme, le confucianisme. Il aurait par avance supprimé la persécution de Dioclétien, les croisades, les guerres de religion, voire les massacres d'Arménie, fatales catastrophes où tant de ses créatures ont péri de mort violente, exhalant des âmes irrémissiblement vouées au supplice éternel de l'Enfer.

Que Karl Marx, tout seul dans un coin de la vieille Europe, ait émis obscurément les principes du socialisme, au risque de laisser le reste du monde dans une erreur déplorable, cela est compréhensible puisqu'il n'était qu'un homme et, comme tel, pourvu seulement de moyens humains. Et encore, grâce à l'invention de l'imprimerie — qu'il semble bien que Dieu eût pu, s'il l'avait voulu, suggérer à Moïse — et grâce au zèle de ses disciples, ou peut-être à l'excellence de sa doctrine, on a vu cette doctrine se répandre plus vite et plus généralement en moins de cinquante ans que le christianisme en vingt siècles. Aujourd'hui déjà la doctrine de la rédemption sociale compte peut-être plus d'adeptes que la Doctrine de la rédemption des âmes.

.*.

Est-il croyable qu'une religion absolument nécessaire à l'humanité, puisque hors d'elle il n'y a pas de salut, n'ait volontairement disposé que de moyens de propagande aussi restreints ? Ou bien, est-il logique que des menaces de punition éternelle s'appliquent impitoyablement à tous ceux d'entre nous que la négligence des missionnaires a laissés croupir dans l'ignorance ? Il faut toujours en revenir là, et refuser de croire condamnés au feu éternel tous les hommes d'avant Moïse qui n'ont pas pratiqué la vraie religion, quand Dieu n'avait rien fait pour la leur faire connaître. De même, on ne saurait envelopper dans le même anathème les hommes noirs, jaunes ou chocolat à qui des erreurs qu'ils croient respectables ont été de tout temps enseignées par des prêtres pratiquant des vertus telles que leur intelligence bornée leur permet de les comprendre. Serait-il enfin équitable de considérer comme irrémédiablement réprouvés les sceptiques qui, de nos jours, sont rebutés par les contradictions que nous venons d'exposer, surtout si, dans leur vie de chaque jour, ils donnent l'exemple de la probité, de la douceur et du désintéressement ?

Pourquoi ne pas croire que Dieu, s'il existe, ait en réalité, selon les climats, les races, les mœurs et les aptitudes des hommes, suscité partout des législateurs — Moïse, Jésus, Bouddha, Mahomet, Confucius, — tous s'accordant pour enseigner, sous des formes et dans des langues diverses, les mêmes vertus nécessaires à la formation et à la conservation des sociétés humaines ? Et même, puisque ces vertus uniformément recommandées par toutes les religions sont incontestablement nécessaires au bon fonctionnement de nos sociétés, les hommes pourraient bien n'avoir eu besoin d'aucun intermédiaire ou d'aucun révélateur pour faire de ces vertus le ciment des associations qu'ils ont formées entre eux ; ce serait pour en inspirer plus formellement le respect qu'ils auraient imaginé de leur donner une origine et une sanction divines.

*
* *

Mais c'est dépasser les bornes du scepticisme que d'aller jusqu'à des affirmations de ce genre. Il ne faut voir, dans ces dernières réflexions, que les motifs sérieux qu'on a de douter de l'origine sacrée des soi-disant Livres saints.

En effet, le doute vous prend invinciblement en

présence de leurs contradictions. L'Eglise d'aujourd'hui a trop l'air de nous dire : « Il faut croire ce que j'enseigne, sans essayer de l'expliquer. » Elle a tort de nous imposer un récit qui ne devrait être que de l'histoire, et qui ne mérite pas de passer à l'état de dogme. On se demande involontairement si le Christ ne semblait pas, quand il proclamait *que son royaume n'était pas de ce monde*, répudier implicitement un Dieu qui se mêlait si souvent et si directement du gouvernement des hommes.

Aussi, les partis les plus avancés, dans notre monde politique actuel, proscrivent l'enseignement des enfants par les congréganistes. Ils ont raison, en ce sens que l'éducation de l'enfant est de la plus haute importance dans une société. Elle façonne l'homme et le citoyen futurs, en lui inculquant, à l'âge où son cerveau est le plus malléable, les principes sur lesquels il basera les convictions de sa vie et ses actes. Or l'éducation donnée par un religieux quelconque a pour effet de développer en nous l'égoïsme ; n'être préoccupé que de notre propre salut nous rend indifférents au bonheur et aux intérêts d'autrui, jusqu'au point de sacrifier parfois les autres à nous-mêmes.

Elle développe également l'orgueil, en ce sens que celui qui se croit en possession de la vérité absolue est tenté de s'attribuer sur ses contemporains une supériorité qui ne va pas sans quelque pitié, disons sans quelque mépris.

Particulièrement elle déprime en nous les qualités nécessaires pour faire un homme d'une certaine valeur, le raisonnement et la volonté, en tendant à nous persuader qu'il importe de fuir tout contrôle et toute comparaison comme une tentation de Satan qui nous conduirait en Enfer; en nous habituant à subordonner nos pensées et nos actes à la volonté de Dieu..., que nous ne pouvons connaître que par l'interprétation de ses ministres, ce qui ne peut manquer de mettre notre liberté entre leurs mains.

.

Or, le fond principal de l'enseignement des congréganistes est précisément cette histoire sainte dont nous venons de constater les incertitudes, et qu'il faut, dans leurs écoles, croire aveuglément, ce qui fausse toutes nos idées sur les droits du peuple et les leçons morales qui découlent de l'histoire. Ces idées archaïques sont encore tellement répandues, qu'un professeur même de lycée n'a pas le droit de contester l'intervention de Dieu dans la vie et la vocation de Jeanne d'Arc. Et cependant cette intervention n'a jamais été affirmée que par Jeanne elle-même. *Testis unus, testis nullus*, comme le dit l'ancien droit romain.

L'esprit de l'enfant, ainsi façonné, est tout préparé à admettre les idées indéterminées, les dogmes, même temporels, tels que le magnétisme, ou les miracles de la Vierge. La monarchie de droit divin se conçoit plus facilement par un esprit déshabitué du raisonnement ; et, par contre, un ancien élève des séminaires portera dans la vie politique des habitudes de dogmatisme et d'intolérance qui en feront facilement un Jacobin et un Terroriste.

Un Mahomet, un Pierre L'Ermite, un Torquemada, un Robespierre, indistinctement, obéissant au désir de sauver leurs âmes ou à leur orgueil, mais surtout à une conviction irraisonnée et obscure, sacrifient l'existence de milliers de leurs semblables. Quelque religion que ce soit doit produire des fanatiques.

En résumé, l'éducation religieuse semble plus propre à former des sujets que des citoyens. Elle convient à une monarchie qui a besoin de l'obéissance aveugle et irraisonnée des hommes. Elle ne saurait convenir à une démocratie, où chaque citoyen par son vote peut déterminer l'orientation du gouvernement, et où il est par conséquent de l'intérêt de tous que chaque vote soit conscient, et émis par un homme capable de calcul et de volonté.

XV. — LE DOUTE UNIVERSEL

Quand on a commencé à douter de quelque chose, on ne s'arrête plus. L'habitude est prise. Le sceptique déterminé, celui qui répugne à croire autrement que sur preuves évidentes, étend ses doutes sur toutes les connaissances humaines, et, en tout, se défie des simples affirmations. L'ignorant lui-même n'agit pas autrement, et se sent d'autant plus défiant qu'il est incapable de comprendre certaines démonstrations, ou philosophiques ou mathématiques, qui suffisent à apporter la conviction dans l'esprit d'un savant.

La science rencontre donc des incrédules comme la philosophie ou la religion.

La cosmologie nous enseigne que la terre et les autres planètes sont animées d'un mouvement de rotation régulier autour du soleil, ce qui semble placer leurs habitants, pendant la moitié de leur vie, la tête en bas et les pieds en haut, position anormale dont certaines lois physiques les empêchent de s'apercevoir. Il paraît aussi que le soleil, accompagné de tous ses satellites, s'avance avec une rapidité vertigineuse vers un certain point de l'espace tellement éloigné de lui que les instruments les plus perfectionnés ne peuvent pas nous démontrer que la distance qui les sépare semble diminuer quelque peu ; et cependant ce mouvement existe, ajoute-t-on, depuis des millions d'années.

Combien de nos contemporains ne se doutent même pas de ces théories astronomiques ! Ils seraient bien excusables, quand on les développe devant eux, de se montrer sceptiques, encore qu'elles soient appuyées sur des calculs et des raisonnements bien propres à en démontrer, au moins provisoirement, la vraisemblance. Car il ne faut pas oublier que, pendant des siècles, les hommes sont demeurés persuadés que c'était la terre qui était immobile, et que le soleil et les astres tournaient autour d'elle ; Copernic et Galilée ont même eu bien de la peine à leur faire admettre le contraire.

.˙.

Eh bien, il y a une autre science — car on l'appelle une science aussi — la théologie, qui non seulement a contredit ces phénomènes, mais encore aujourd'hui semble n'en admettre la réalité que d'assez mauvaise grâce, et qui en revanche a la prétention bien autrement ambitieuse de nous en faire connaître le créateur ou l'ordonnateur ! Dans cette histoire fantastique dont nous avons déjà parlé on voit que Dieu a fait ce monde immense en vue et au profit de l'homme seul. Au profit... il faut s'entendre ; car l'Eglise ajoute qu'il lui en cuira cruellement si précisément il n'en est pas persuadé.

Et, comme ces erreurs étaient généralement admises autrefois, on s'étonne que les dépositaires de connaissances indispensables à l'humanité soient restés dans la même ignorance qu'elle au sujet des œuvres de Dieu. Il y a eu un temps où ils connaissaient parfaitement Dieu lui-même, et rien de l'univers qu'il a créé. Quelle autorité, quelle puissance de persuasion ils auraient au contraire, s'ils pouvaient nous dire : « la preuve que Dieu existe, c'est qu'il a imposé à l'univers telle ou telle loi supérieure et irréfutable à laquelle il obéit ! » Si Dieu avait tenu à ce que l'homme ne doutât pas de son existence, et suivît ses lois, n'aurait-il pas donné à ses représentants les connaissances nécessaires pour faire d'eux nos véritables éducateurs ?

C'est sans doute pour cela que les prêtres exigent de nous une foi aveugle, et donnent à l'incrédulité la sanction formidable de la souffrance pendant toute l'éternité. Tandis que la cosmologie, à laquelle on peut croire ou ne pas croire sans dommage, ne cherche à faire accepter ses enseignements aux hommes qu'à l'aide du simple raisonnement.

.*.

Il semble qu'il soit bon d'insister là-dessus, ne fut-ce que pour démontrer que notre scepticisme, après tout, n'est pas égal dans les deux cas, et à quoi tient cette différence. D'abord on doit reconnaître que les phénomènes de la chaleur, de la pesanteur, de l'électricité peuvent à la rigueur, et par de certains côtés, s'imposer à nous par une manifestation extérieure à laquelle nos sens sont accessibles.

Cependant le témoignage de notre vue nous induit, comme du reste tous les hommes primitifs, comme les prêtres autrefois, à croire que la terre est plate et immobile, et que ce sont les autres astres qui accomplissent autour d'elle une périodique révolution. S'il y a des preuves contraires, ce ne sont que des preuves scientifiques ; et si notre instruction est trop élémentaire pour pouvoir les contrôler, nous ne pouvons considérer ces vérités que comme des hypothèses.

Enfin si nous ne laissons pas que d'admettre, au moins indifféremment, indolemment pour ainsi dire, ces affirmations, ce n'est pas par conviction, mais tout simplement parce qu'on n'a pas la prétention de nous les imposer, et parce qu'aucun intérêt pressant ne nous pousse à les contrôler.

Celui qui refuse de croire à l'astronomie ou aux mathématiques n'est pas menacé par l'Académie des sciences de damnation éternelle en punition de son incrédulité. Les clients ne désertent pas son comptoir, sur les incitations des savants, pour aller faire leurs acquisitions chez un commerçant plus docile ou mieux pourvu de crédulité ; son avancement dans la carrière administrative n'est pas enrayé quand les adeptes de la science qu'il nie tiennent les rênes du pouvoir ; aux époques de foi vive et d'intolérance, il ne risquait pas d'être appréhendé, à seule fin d'être brûlé publiquement pour le bon exemple.

Cela tient peut-être à ce que de simples savants ne peuvent pas être aussi sûrs de leur doctrine que des prêtres. Dieu n'a pas daigné révéler les mystères de la nature comme il a révélé ceux de la religion. Et encore s'est-il contenté, nous l'avons déjà dit, d'affirmer ces derniers plutôt que de les démontrer ; seulement il attache un si grand prix à notre adhésion que nous devrions avoir tout intérêt à la lui donner. Néanmoins, il faut bien reconnaître que les affirmations des savants tendent à nous développer l'esprit en nous appelant à les discuter, tandis que celles des prêtres ne peuvent que nous le rétrécir en nous interdisant toute discussion.

.*.

Aussi, nous ferons observer que, si les affirmations de la théologie ne doivent pas être passées au crible de l'examen, il n'en est pas de même des conceptions philosophiques qui, émanant des hommes seulement, peuvent être discutées et contrôlées. Telles sont les *Idées innées* qui sont affirmées avec une telle autorité, et le plus souvent acceptées avec une telle unanimité, qu'il paraîtra un peu hardi de les contester.

Cependant, après réflexion et examen, le sceptique arrive à douter de ce que l'on appelle les idées innées. Il comprend que notre cerveau, nos nerfs, nos muscles même, soient impressionnés par des influences héréditaires, et que, de ce fait, nous ayons reçu de nos auteurs médiats ou immédiats certaines prédispositions et certaines aptitudes auxquelles nous obéissons pendant toute notre vie. Particulièrement nous naissons tous avec le sentiment de la conservation personnelle, qui apparaît d'ailleurs commun à tous les êtres dits organisés.

.°.

Mais cela n'a qu'un rapport lointain avec les soi-disant Idées innées. Par exemple, l'idée de Dieu que l'on prétend innée apparaît plutôt comme étant acquise, non transmise par hérédité, mais inculquée par l'enseignement et par l'exemple. L'enfant visiblement ne l'a pas ; on la lui communique ; parfois même elle s'efface et disparaît au contact de l'expérience de la vie. On dit que certains peuples sauvages en sont absolument dépourvus. On constate que chez d'autres elle est inculquée à la foule par les plus intelligents et les plus adroits, qui s'en servent pour assurer leur domination. En tout cas, il faut convenir qu'elle serait en réalité bien vague et confuse, puisque ceux qui la professent se croient obligés d'avoir recours à des menaces terribles pour l'imposer.

.°.

Une autre idée innée serait celle du bien et du mal. Quant à celle-ci, pour peu qu'on y regarde de près, il est bien évident que l'enfant ne l'a pas encore, et que, de plus, elle varie avec le climat, les circonstances, l'éducation. Elle procède, dans la pratique, de l'intérêt individuel ; chacun la conçoit différemment ; le mal, bien souvent, consiste dans la divulgation de ce que les autres appellent une mauvaise action, et celui qui la commet ne la considère comme telle que quand elle est divulguée. Quant aux chrétiens et aux juifs, ils ne peuvent la croire autre qu'héréditaire, puisqu'ils enseignent que le premier homme, Adam, celui dont tous les autres descendent, l'ignorait absolument avant d'avoir mangé le fruit de l'arbre de la connaissance du Bien et du Mal.

**

Cette conviction en entraîne une autre. Si nous avons l'idée innée du bien et du mal, nous devons ressentir les effets de cette impulsion, innée aussi, qui nous porte vers l'un et nous écarte de l'autre, et que la philosophie appelle l'*impératif catégorique*. Le même raisonnement s'oppose à ce qu'on en reconnaisse la réalité. Si on a l'idée innée du bien et du mal, il est bien naturel qu'on éprouve une impulsion en faveur du bien ; on n'a même pas besoin de les différoncier pour obéir et choisir juste. Mais précisément, en observant ce qui se passe chez la plupart des hommes, on constate que, quand ils éprouvent une impulsion, c'est vers ce qui leur *paraît bon*, c'est-à-dire, en fait, ce qui leur est utile. On pourrait donc logiquement, ce qui serait un argument en faveur du libre arbitre, retourner cette proposition philosophique en disant : « L'impératif catégorique nous pousse indistinctement au bien et au mal ; c'est l'effort, la réflexion, le calcul qui nous font les différencier, et choisir. »

Ce qui prouve que toutes les conceptions de l'homme peuvent et doivent être respectables, quand elles sont utiles au maintien et à l'amélioration de la société. Mais, *étant humaines*, elles sont toutes discutables et contrôlables, et le scepticisme n'est que le premier acte de la discussion et du contrôle. Le scepticisme ne s'affirme et ne s'obstine que par suite du refus hautain de discussion et de contrôle.

⁂

Il est en même temps un moyen de se rassurer sur l'avenir, de trouver un refuge contre les menaces auxquelles la pauvre humanité est en butte de la part de ceux qui veulent l'exploiter. Qu'importe que nous ne puissions rien découvrir de certain sur notre destinée, si du moins nous réussissons, par le doute, à nous convaincre qu'elle échappe aux dangers imaginaires par la peur desquels nous avons été si longtemps exploités ?

Etant donnés l'espace et le temps infinis, la matière indestructible, toutes choses que nous ne pouvons comprendre, quelle idée pouvons-nous nous faire du monde où vit l'homme, et de la destinée de l'homme lui-même ? Evidemment ce monde ne peut être qu'un point imperceptible dans l'espace illimité, comme la vie de l'homme n'est qu'un instant dans le temps éternel. Si même on peut établir une comparaison quelconque entre un instant et l'éternité.

Mais alors se pose une nouvelle question : Que pouvait-il y avoir avant le monde et l'homme, et que pourra-t-il y avoir après ? La réponse que l'on nous fait est aussi enfantine que catégorique : Le Tout-Puissant a tiré le monde du chaos, et, par un privilège spécial, peu enviable quand on descend dans les détails, l'homme à part du monde, et même le monde pour les besoins particuliers de l'homme. Après cela, l'enseignement est plus vague ; pour l'homme il y aura l'éternité de souffrances ou de joies suivant ses mérites; sur le monde, on ne précise rien, tout en nous donnant à penser qu'il retombera dans le chaos.

.*.

Quoi qu'on ne nous en dise rien, il ne peut être défendu de chercher à s'imaginer ce que Dieu faisait avant et ce qu'il fera plus tard, seul en présence du chaos. Puisqu'il est le Tout-Puissant on peut supposer qu'il avait déjà créé un monde, et qu'il en créera encore un autre, avant et après le nôtre. Il n'est pas indispensable qu'il y ait eu des hommes dans le monde précédent; Dieu lui-même subit peut-être la loi du progrès, et améliore ses œuvres au fur et à mesure qu'elles se succèdent. Dans le monde futur, à ce compte, existeront des créatures supérieures à l'homme. Ceci, bien entendu, sans vouloir nous mettre en contradiction avec la légende qui nous apprend que Dieu avait commencé par créer les anges et les archanges, puisque l'existence de ces êtres supérieurs ne semble pas aussi résolument affirmée aujourd'hui que jadis.

Ce sera peut-être au contraire pour plus tard, ce qui serait plus logique. Car si, après la fin du monde — de notre monde — Dieu veut en créer un autre, un autre meilleur, plus beau, plus harmonique, il voudra probablement le peupler ; il lui faudra y placer des créatures plus parfaites que l'homme, et les anges, tels qu'on nous les dépeint, semblent assez bien indiqués pour cela. Quant à y mettre des êtres semblables à nous, inférieurs même, ce ne serait pas la peine de laisser finir le monde si on ne devait pas le remplacer par quelque chose de mieux.

.*.

Pour le coup, nous pouvons renoncer à satisfaire notre curiosité, ou nous contenter des hypothèses que l'imagination nous suggérera. Et alors ce sera le cas, conscients de notre impuissance, de nous en rapporter complétement à ceux qui affirment avoir la charge de nous instruire. Mais il faut bien reconnaître que les qualités, les mérites propres des garants importent au suprême degré, quand il s'agit de gens qu'il faut croire sur parole. Au temps où un apôtre désintéressé, un Jésus, ou seulement un Paul, un Pierre, prêchait la foi nouvelle, vivant d'aumône, ne tirant nul profit de sa mission, et au contraire risquant le supplice et la mort pour persuader ses frères, il était bien évident que, quand même il se serait trompé, c'eût été de bonne foi, et qu'il n'avait aucune envie de tromper les autres.

Mais quand les apôtres vivent — et parfois très grassement — de leur apostolat ; quand ils favorisent ou combattent les pouvoirs civils pour le grand avantage d'une association qui leur vaut puissance, honneurs et richesses ; quand ils appellent à leur aide la force armée pour soumettre les consciences réfractaires à leurs enseignements ; on conçoit qu'il y en ait beaucoup parmi leurs disciples qui soupirent après la liberté, qui redoutent l'oppression du clergé, et qui ne soient que trop disposés à confondre des instructions morales avec un dessein secret d'exploiter l'humanité tout entière au profit d'une fraction d'elle-même — d'aucuns disent même « une faction ».

Et alors l'incrédulité se fortifie de l'amour de la liberté.

CONCLUSION

Nous n'avons eu d'autre but, dans cet opuscule, que de justifier, de légitimer le scepticisme, en exposant les arguments qu'amène la réflexion et qui poussent à douter de bien des choses que la tradition, l'habitude, souvent le respect humain nous font généralement admettre, et qui, dans la vie de chaque jour, ont l'inconvénient de troubler profondément les esprits timorés, d'assujettir les gens peu fortunés, et surtout de servir de tremplin à des ambitieux et aux ennemis de la Démocratie.

Nous nous sommes abstenus volontairement d'affirmer aucune doctrine précise, laissant à chacun la liberté d'opposer ses propres conceptions à celles qu'on a la prétention de lui imposer. Dût-on rester dans le doute, on aurait déjà fait un grand pas en délivrant son esprit de la superstition, son âme de terreurs vaines, son corps de la domination d'autrui.

Nous avons quelquefois semblé aboutir au Panthéisme. Au Sensualisme peut-être, en d'autres occasions; et nous avouons que c'eût été plus volontiers. Mais, même si nous eussions ainsi trouvé la solution cherchée, nous nous sommes strictement interdit de l'affirmer, attendu que nous manquons de preuves, comme dans tout le reste, pour en faire la démonstration irréfutable. Nous n'aurions pas voulu faire nous-même ce que nous reprochions aux autres.

En science, le doute est le commencement de la connaissance, puisqu'en repoussant les conclusions toutes faites il conduit nécessairement à entreprendre les expériences qui feront découvrir la vérité.

Dans les hautes questions que comportent la philosophie, la théologie, la morale, nous n'en sommes pas là, puisque le champ des expériences matérielles et décisives nous y est fermé. Nous ne pourrions tout au plus qu'opposer de nouvelles hypothèses aux anciennes, en nous appuyant seulement sur des observations plus récentes et plus précises.

Que si quelqu'un de ceux qui m'auront fait l'honneur de me lire regrettait de ne pas trouver ici l'expression d'une croyance positive, au lieu de simples négations, je prends la liberté de le renvoyer à un livre (1) où, il y a déjà plus de douze ans, j'ai essayé de montrer que l'homme pouvait trouver en lui-même les éléments de sa moralité, de son honnêteté et de sa sécurité dans ce monde..... et dans l'autre.

---

(1) V. *Morale et Religion*. Paris, Fischbacher.

Documents manquants (pages, cahiers...)
NF Z 43-120-13